U0680736

阳光暖童心

曹凤英 著

九州出版社
JIUZHOUPRESS

图书在版编目（CIP）数据

阳光暖童心 / 曹凤英著. -- 北京：九州出版社，
2024. 7. -- ISBN 978-7-5225-3336-0

Ⅰ. G637.1

中国国家版本馆CIP数据核字第2024PS9103号

阳光暖童心

作　　者	曹凤英　著	
责任编辑	安　安	
出版发行	九州出版社	
地　　址	北京市西城区阜外大街甲35号（100037）	
发行电话	（010）68992190/3/5/6	
网　　址	www.jiuzhoupress.com	
印　　刷	天津中印联印务有限公司	
开　　本	880毫米×1230毫米　32开	
印　　张	3	
字　　数	50千字	
版　　次	2024年10月第1版	
印　　次	2024年10月第1次印刷	
书　　号	ISBN 978-7-5225-3336-0	
定　　价	39.00元	

★版权所有　侵权必究★

目 录

做一个幸福的校长

我感觉自己是个有故事的人，但因为自己不善于表达，很多故事说不明白。就从我毕业后开始讲起吧。

我从中师毕业后当了小学语文老师，而后又当了小学校长，再改教思政课，成为一名思政老师。

从教三十年，我踏踏实实工作，没有取得多大的成就，但也获得了一些认可与荣誉：2013 年我被评为贵阳市首批"名校长"，并成为校长工作室的领衔人；2016 年，我又有幸被选为"贵州省小学名校长"培养对象，得到了组织的重视和培养以及更多学习锻炼的机会。自此，我渐渐有了信心。在学习中，我对教育工作和校长职责也有了更深的认识和体会。

刚从一个普通的教师转变为一个学校的副校长时，工作内容与工作职责都发生了很大的变化。我起初非常不适应，跳不出教师工作的思维方式，很难从校长的角度去思考问题。经过一年的锻炼，我受益匪浅，懂得了校长不仅要懂管理，还要懂教学；不仅要懂自己熟悉的领域，也要关注自己不擅长的学科；不仅要成为教学的引导者，更要为教师教学做好服务。有了这个认识，我和老师们的距离更近了，关系也更和谐，很多老师都愿意和我做朋友，我也从老师们身上学到很多教学经验。我和老师们一样担任学科教学，参加学习和教学竞赛，我的教学也得到了老师们的认可。渐渐地，我适应了环境，工作开始有了起色。

有一件事给我启发比较大，那是刚上任不久学校安排我对教师继续教育工作写个阶段总结。由于我刚上任，不知道学校教师继续教育工作是怎么开展的，碍于面子我又不敢说自己不懂。经过一番思来想去，我决定向学校的老师以及学校中层干部咨询，但是由于他们经验不足，也无法给我一些实质性建议。于是我把学校订阅的教育相关的杂志、书籍通通带回家学习，经过一番钻研，才弄明白学校一项工作的实施有这么多的环节：拟定方案、组织建设、分步实施、检查督促、制度保障、经费保障，等等。好在功夫不负有心人，我终于完成了任务。

可以说，我的校长工作是从这份总结开始的。从总结中，我明白了老校长的良苦用心。老校长思维活跃、雷厉风行。她特别爱学习，每天读书，不断学习发达地区的教育教学工作经验，看到好的做法就要学习推广。为了能赶上她的节奏，我努力学习这些知识，不断给自己充电。随着时间的推移，我渐渐感受到自己知识储备的不足，觉得自己应该系统学习一些教育管理的知识。于是我攻读了在职本科以及教育硕士研究生，专门学习教育管理。特别是在 2014 年之后，我有机会参加了教育部在北师大小学校长培训中心开设的全国小学校长高级研究班的学习，2016 年参加了"贵州省小学名校长高级研究班"的学习。省教育厅名师名校长管理办公室还经常组织开展集中学习、专题论坛、专家指导等活动。通过参加活动我不仅能力得到了提升，还打开了视野，从研究一所学校的教育到考虑自己的工作能给别人带来什么帮助，工作视角更是从城市教育向乡村教育延伸，真正去了解和体会教育的融合发展，感受教育的复杂性。

下面我想分享一下我多年来作为一名校长的具体感悟。

作为一名校长的第一个感悟就是以校为家。学校是我们工作的场所，更是我们生命成长的地方。每一名校长只有以校为家，才能静下心来谋划学校的工作和发展。如果我们只把学校工作当作任务，每天按部就班地完成各项任务，自己的心灵就不会走进学校，学校的人和事都会成为一种外在的负担，每天的工作就是被动应对。

以校为家需要用心守护。校长作为学校的一家之主，是学校核心所在。校长对校园的守护是学校师生心理稳定的依靠，故有"好学校是守出来的"一说。以校为家需要用情设计。学校的一事一物都要认真考虑，让学校处处成为教育教学阵地，体现学校教育思想和内涵，散发学校教育的智慧和光芒。以校为家还体现在用爱包容。学校是人的集合体，人际关系简单而又复杂。处理好校内的人际关系也是推动学校工作的重要环节。校长要厘清关键，抓住重点，以爱包容。尽管我们在教育中更多依靠教育制度和相关机制的建立，但是校长爱的力量不容小觑。

我的第二个感悟就是学贵有恒。学校是学习的场所，但很多人理所当然地把主体限定为学生，而忽略了老师和校长的学习。一些校长常常觉得自己工作事务多，没有精力和时间去学习。可是没有学习，校长的专业敏锐和前瞻思维就不够，就容易故步自封，闭门造车。校长的思维对学校的影响力很大。校长的学习成果直接影响学校的发展方向。校长的学习精神直接传递给全校师生，所以校长要成为学习的榜样。一个爱学习、能学习、会学习的校长会让教师更加信任，也会更好地推动学校的各项工作。校长的学习不仅是一种需要，更是一种能力。校长可通过学习掌握国家教育要求，掌握科学的教育规律和方法，借鉴古今中外的教育经验，凝聚更多的教育力量，形成完备的教育思想，让学校的教育更具有成效。

我的第三个感悟是校长要勇于实践。好的想法一定要落实到行动上，落实到工作中，否则就是空谈。校长只有真正的实践和行动才能更好地促进学校的发展。所以，校长不仅要善于谋划，让计划成为现实，还要身体力行，亲自上阵。当然，校长实践不是一个人的行动，而是一群人、一个团队的行动。一个校长可能带动一所学校，而一个"名校长"可能会带动更多校长的成长和发展。以往，我的想法是管好自己的学校足矣，但在接受了"名校长学习培训"之后我的想法开始改变，社会责任感逐渐增强，进而希望用自己的力量去帮助更多的学校，而"研究学校、在学校研究""以儿童的眼光来教学"的观点亦成为我校校长工作室的理念。

有人说，每个时代都有一个时代的文学，同样，每个时代都有每个时代的教育。教育优先发展的战略让我们感受到教育对于国家发展的重要性，同时也让我们深深感受到压力、责任和使命。我们要在学习过程中凝练教育思想，在具体的办学实践中积累教育智慧，在不断学习探索中努力前行，在校长发展的道路上不断追寻进步。

既爱自己的学校，又能用智慧去发展它，则办学之乐就在其中了。

让每一个孩子在阳光下健康成长

校长的教育思想就是一所学校的灵魂。"用什么样的教育思想才能促进学校和师生的全面、健康、可持续发展"是每位校长都应该深入思考的问题。正因为如此，作为校长，在办学实践中我常常陷入思考：教育是什么？什么是好的教育？学校是什么？教师是什么？学生是什么？学校文化是什么？课程是什么？课堂是什么？学校办学应该遵循哪些规律？学校办学应该具有哪些特色？学生未来应具备哪些品质？什么样的学校才是一所好学校？它的生命力在哪里？在学校里，师生的生命状态是怎样的……十年的时间，我已度过了入职初期的迷茫、成长期的慌乱，开始理性思考。在不断地学习、思考、实践中，我逐渐有了一些对教育的独特认识和想法，有了一些办学的方法和思路，进而让自己的工作有了一些起色。

科学的发展目标、高尚的价值导向、合理高效的管理评价机制都是学校发展的关键。一个校长的重要作用就是要引领学校的科学发展、教师的专业发展、学生的健康发展，就是要在文化品位、教育精神、社会责任、价值引领等方面设计学校的发展轨迹。贵阳市南明小学在多年的办学实践中始终坚持"以人为本，关注发展"的办学思想，遵循教育规律，充分尊重每一位教师的发展，尊重每一位学生的成长，让师生都能体会到关爱、尊重、需要和认可，在学习和工作中感受到幸福和自豪，进而绽放最美的自己。

我的教育思想：让每一个孩子在阳光下健康快乐地成长

学校文化与办学理念的形成基于校长的教育思想。人们常说："有什么样的校长就有什么样的学校。"学校的文化与办学理念是校长办学思想的具体体现，是全校师生、员工共同遵守的价值标准和行为准则，它是一所学校的自然条件，也是一所学校的气质表现。我认为，一个好的文化是让人向往和眷恋的，一个好的理念是让人舒心和幸福的。校长就是要积极创设和引领学校文化和办学理念，形成学校的办学风格和气质。

南明小学前身为贵阳市立实验学校，建校于 1941 年，是一所十二年制学校，第一任校长任桐君先生提出了"做一个手脑双健的国民"的教育目标和"德智体群美"的标准、"造福邦家，嘉惠人群"的社会责任。中华人民共和国成立之后，其更名为南明小学，一直以突出的教育质量得到社会的认可。随着社会的进步、时代的发展，学校已经进入一个新的时代。21 世纪初，学校以"关注人本、注重品牌、强化管理、创新突破"的办学思想使学校得到进一步发展。

一直以来，我们学校都把"立德树人"作为学校教育的目标方向和方法，而我也提出了"让每个孩子在阳光下健康成长"的教育指导思想，以阳光作为学校的校园文化引领，积极创设阳光校园。在办学实践中，进而提出了"阳光暖童心"的办学思想，我认为，阳光来自学校、家庭、社会，更来自学校的课程课堂活动。"暖"是教育的方式，"童心"是儿童的身心健康发展和心灵智慧培育，所指向的是学生在道德、心理、知识、技能、体质、志趣、价值观等领域的综合发展，所培养的是德、智、体、美全面发展的具有个性与创造的阳光少年。

我的办学思想：基于教育中儿童的思考

以人为本是教育的首要特征。著名的教育家李吉林老师说过："每个人都是从儿童过来的，但是并不等于每个人都真正了解儿童。别人可以不了解儿童，但小学老师不可以，因为小学老师几乎天天都在和儿童打交道，工作对象就是儿童。如果我们不了解儿童，不能走进儿童的心灵世界，我们就无法出色地完成教育教学任务，无法去塑造儿童的心灵。"孔子早在两千年前就提出了"有教无类"的教育主张，直到今天仍然闪耀着人性的光辉。这与当前教育界提出的"适合的教育就是好的教育"异曲同工。叶圣陶先生提出"生活即教育"也与现代儿童教育观相吻合，强调儿童的主体地位，尊重儿童的天性。陈鹤琴先生早年到我校给予过办学指导，提出"大单元设计"这样的课程，以培养儿童由近及远地热爱家乡。随着时间的推移，作为一名教育工作者，我深刻认识和理解教育教学工作是师生双边活动的重要含义，对一些"只教书不见人"的现象感到忧心。现代的教育更加强调人与人之间的心灵沟通、生命碰撞，是一种理想信念的潜移默化和长期浸润的过程。教育是面向儿童的教育，要落实在儿童中，就意味着我们要以儿童的角度来思考教育，走进儿童、了解儿童、尊重儿童、呵护儿童，既关注他们当下的幸福成长，又为他们将来的发展奠基。由于社会的种种压力，一些学校没有将"教书与育人"进行更好的融合，学校、家长和社会对分数的追逐让其负担较重，在师生培养方面对教师的指导重在教材解读、教法研究，注重技术层面，而对师生的另一面——儿童的研究欠缺。老师们不能够掌握关于儿童发展的系统知识，更多依靠经验的判断。现代教育则强调儿童的参与感、获得感和幸福感，以及给予适合孩子发展的教育引导。阳光就是让儿童在各种滋养下健康快乐地成长，拥有阳光的心态和积极乐观的生活。

我的办学实践：阳光暖童心

第一，学校文化暖童心。一所学校，如果没有积极稳定的精神文化，就不可能履行学校最基本的职能，更不用说学校的可持续发展。学校文化虽然看不见、摸不着，但有着巨大的凝聚力、推动力和生命力。我一直认为，学校应该是师生向往的精神家园。而南明小学在办学实践中得到老师们广泛认可的就是南明小学和谐融洽的人际关系、宽松愉悦的工作环境以及活泼进取的学习状态。

尊重与赏识的育人环境，积极健康的生活状态，是创设阳光校园的坚实基础，是打造阳光文化的沃土。多年来，南明小学以"助人成功"的理念营造和谐奋进的教育氛围。南明小学流行的三句话就是这种和谐文化的代表：（1）坚持"助人成功"。人人都要有目标，学校助教师成功，教师助学生成功，学生助学校成功，要自觉树立"服务、责任、尊重、赏识"的理念。（2）"优秀是一种习惯"，这是师生对学校的认同，师生认为南明小学是一所优秀的学校，在这里的人都应该遵循优秀的标准，学习讲优秀，做事讲优秀，做人讲优秀。（3）"做好本分，超越自我"，这是师生对自我的要求。师生要坚守本分，不断超越，做到最好。南明小学的师生既是阳光文化的创造者，又是实践者，更是体验者和受益者。这些年，我们不断加强文化和理念的引领，不断丰富和践行其内涵。南明小学在这样的氛围中不断得以发展和前进，且获得诸多殊荣，成为区域内优质学校的代表。时至今日，南明小学拥有了一支优秀的教师队伍，孕育了许多优秀的少年儿童，其助人成功的文化氛围也成为学校重要的教育资源，成了师生成长、学校发展的助推器。

第二，学校管理暖童心。华东师范大学叶澜教授说："任何一项教育改革，教师队伍都是一个不可缺少的关键性因素。"培养一流素质的学生必须要有一流素质的教师群体来支撑，教师群体素质的高低对学校素质教育的有效实施以及学校特色与品牌的形成起着至关重要的作用。学校文化是学校师生、员工共同价值观的体现，不取决于几位知名教师的认同，而取决于是否有一个优秀的教师团队共同的认可和认真履行。因为一位教师所影响到的只能是一个班级或几个班级的学生，但一个优秀的教师团队所影响的却是整个学校的学生。因此，建设一支优秀的教师团队是学校精神文化建设中最重要的任务，要实实在在落实先进的教育理念和教育思想。一支优秀的教师团队必然是师德良好、业务精良、团结协作、创新进取、凝聚力强的队伍。

一支优秀团队的形成不是一蹴而就的，而是在长期的发展、实践中所形成的，这就需要一种长期有效的机制作为保证。我校扎实校本研修，建立起了一套以学校、年级段、教研组为体系的校本研修机制，有组织，有内容，有层次，有方法。一是以学科、年级为单位成立学科教研组，建立校本研修的组织机构，负责研究教育教学中的常规教研工作，主要针对教学中的实际问题开展集中研究，或者即时研究。二是建立教师教学学习和反思的研修制度，每学期开展以学习课程标准、教材解读、教学计划集体拟定、教育教学新理念新方法研讨、学期总复习计划研究、学生评价方法等为内容的研修活动，要求人人要说话，人人有话说，达到集思广益、资源共享，真正形成研修团队。在这样的基础上，学校还开展了新老教师的帮扶结对和班级捆绑管理活动，学校没有出现掉队的班级，克服了同一年级出现两极分化的现象。三是关注教师不同发展时期的不同需要，引导老师设置分层的发展规划，制定不同的研修方向。教师发展有六个重要阶段：职前教育期、入门见习期、热情建构期、专业挫折期、稳定更新期以及离岗消退期。四是在实践中形成"以专题为引领、以课例为载体、以研修培训为基础、以实践反思为过程"的校本教研模式。多年以来，学校紧紧围绕"教学目标的制定与达成策略"为专题开展研究，实施课堂目标教学。在研究专题引领下，教师积极开展课例研讨活动，所有课例必须经过课前研究设想、课中实践、课后反思三个环节才能生成，所有课例的展示必须通过年级的集体研究，或"同课异构"，或"一课多轮"，让原本的教师单干变为集体行动。通过课例研究和教学文案的撰写，课堂教学效率不仅有效提高了，教师的专业水平也经历了从量变到质变的发展过程。教师的专业素养、教学水平提高后，在各级竞赛中也会获奖，研修的成果受到了肯定，也激发了研究的意识和兴趣。故而，有效的校本研修机制会促进教师培训的效果，成为教师成长的持续推动力，有效促进教师团队成员整体素质的提高。所以，学校不仅要实行自上而下的研修培训的操作方法，还要考虑用"兵教兵"的方式，利用教育就是"一棵树摇动一棵树，一朵云推动一朵云"的理念建立自下而上的研修模式。要让每位教师都能找到适合自己的发展平台，都有发展的机会，都有成功的经历。

校长只有把先进的富有个性化的办学理念内化为每

个教师的自觉行动，并持之以恒地努力实施，学校才能逐步形成鲜明的办学特色。教育科研是教师特色成长的催化剂，是教师团队建设的有效载体和强大动力。要提高学校教师团队的整体素质，增强优秀团队建设的动力，就需要全体教师参与到教育科研中。一所学校应建立自己的主导研究课题，并激发教师主动参与。事实证明，许多教师的成长是依靠教科研的作用。在课题研究中不但会快速提高教师个体的理论水平和业务水平，而且会形成良好的研究、教学氛围，使教师团队能力在研究中获得快速、整体的提高。

第三，教师素养暖童心。教师是学校教学质量提升的源泉与动力，也是实施素质教育主要的实践者。一个人遇到好教师是人生的幸运，一个学校拥有好教师是学校的光荣，一个民族源源不断涌现出一批又一批好教师则是民族的希望。优秀的教师才能为孩子带来阳光的照耀。

为加大教师培养力度，提高教师的综合素质和教育教学质量，南明小学十分重视教学理念的更新，开阔教育视野，引领教师用一颗幸福的、阳光的心做好各方面的工作，讲究工作方法，提倡温暖育人，培养阳光教师。我们从师德修养、心理素养、业务素养等方面提出阳光教师的标准。在师德修养上希望教师爱岗敬业、为人师表、更新理念，创造性地进行教育工作，以优良的教风带动学生形成优良的学风；希望教师热爱学生，关爱、理解、尊重学生，热情主动地引导和帮助学生，注重发展学生的个性、培养其学习兴趣，使每个学生在原有基础上都有所发展；希望教师在教书育人中遇到困难不简单粗暴、不以罚代教、不歧视困难学生；希望教师乐于奉献、尊重家长、以诚相待、虚心听取家长意见和建议、尊重家长的合理要求，积极宣传科学育人方法，努力形成家校同步育人的合力；希望教师诚信协作，做到教师之间相互尊重、团结互助、密切配合、扶助新人，共创发展。在心理素养上希望教师悦纳自己，用快乐健康的学习态度和工作态度，带领学生也快乐健康地成长；要求教师忠诚于人民教育事业，做到情绪稳定，明确角色意识，有强烈的事业心和责任感。在业务素养上教师要勤学善思，做爱的使者，要把爱无私地奉献给每一位需要爱的孩子；要以学论教，做学习型教师，不断超越自我、积极向上，加强学习、刻苦钻研，确立"学习即生活、学习即工作、学习即责任、学习即生命"的观念，主动发展意识要强；要因材施教，遵循儿童认知规律，遵循教育发展规律，了解学生、理解学生、尊重学生，抓住每个学生的特点和志向，精心培育、关心学生全面发展和健康成长，让教师的爱和关注像阳光一样普照每位学生的心灵，让每位学生在教师关爱的阳光下茁壮成长；要勇于创新、与时俱进，终身学习，在创造性研究和实践过程中，点燃学生探索的欲望，开发学生创造的潜能，实现其生命的价值，使课堂成为充满生命活力、充满阳光的地方。

第四，家庭教育暖童心。家庭教育是家事，又是国事。它关系到家庭幸福，更关系到国家命运。习近平总书记多次阐述家庭教育，倡导良好的家训家风。家庭是社会的基本细胞，是人生的第一所学校，家庭是孩子的第一个课堂，父母是孩子的第一个老师，家长要时时处处用正确行动、正确思想、正确方法教育引导孩子，帮助孩子长大后成为对国家和人民有用的人。家庭教育在中小学生成长过程中具有奠基性、深刻性和长远性，未来一代的素质如何是最大的国家安全问题，因此，国家将家庭教育纳入公共管理领域，主张"为国教子"。家庭教育对孩子的重要引导作用要得到充分的肯定和认识，学校要花力气研究家长、学校和家庭教育，形成家校教育合力是学校工作的重要工作之一。我多次以《家校共育助成长》为题阐述自己对家庭教育的理解，且多次积极向家长宣讲家庭教育的知识，通过"家长学校培训"活动向家长宣传正确的教育思想，普及家庭教育科学知识，让广大家长了解孩子生理、心理发展，掌握科学的教育方法和技能，协助学校共同促进孩子健康成长。

　　学校应充分重视家校教育网络的建立，健全家长学校领导机构。我们学校成立了以校长为组长，行政管理干部、家长委员会负责人等为成员的家长学校领导小组；成立家长委员会，请家长参与学校管理，与家长共商教子策略。为促进学校民主管理，学校各班成立家长委员会，年级成立主席联席会参与学校的管理，一方面让家长参与学校重大事项的决定和组织，另一方面加强家校交流，增进相互了解，充分向家长展示孩子的个性特长和学校办学特色。我们还定期举办"酷爸靓妈"课堂活动，邀请本班有学识、有经验、有专长的家长为全班同学上课。"酷爸靓妈"课堂内容丰富，涵盖科学、消防、医疗、保健、文学、艺术等领域。每一位来上课的家长通过活动，既体会到教师教学工作的辛苦，又学会了与孩子沟通的新技能。进行"家长学校培训"活动时，每班邀请优秀家长参与"家教互助中心"的育儿经验交流活动，让他们把自己成功的家教心得、创新的家教理念奉献出来与大家共享，当然，他们也可以分享家教过程中的失败教训来警示大家，让广大家长在家庭教育的道路上多一些经验、多一些理性思考，少走些弯路，用身边的人物带动大家的观念更新，互相取长补短。这样的家庭教育促进家长对儿童的认识、对教育的理解，让教育走进家庭、走进生活、走近儿童。

第五，阳光课程暖童心。美国耶鲁大学的心理学家斯滕伯格（Sternberg）于 20 世纪 80 年代提出的智力三元理论启示，学校应该反思现行教育，改变传统的只注重学业智力为代表的分析性智力的做法，同时注重实践性智力和创造性智力的培养，了解学生的智力特点，采取多方位、个性化的智力培养，帮助他们发挥自己的优势领域；希望教师关注学生间的智力差异，应给予学生积极的期待，相信他们必定会获得属于自己的成功。美国心理学家加德纳的多元智能理论提示，教育要认识到智力发展的多样性、广泛性和差异性，把培养学生的多种能力放在同等重要的地位。因此，在进行课程体系构建时，应力图尊重教育规律和学生身心发展规律，关注每一个学生，为每个学生提供适合的教育，让他们能在其天赋允许的范围内合理健康地发展。基于这样的思考，南明小学在课程设置时整合国家、地方和校本三级课程，从夯实学科课程、落实综合课程、丰富活动课程三方面入手，构建学校的阳光教育课程体系，为学生提供全面的教育内容，详情见图 1。

学校课程
├─ 学科课程
│   ├─ 教育部规定课程——语、数等国家规定学科
│   └─ 地方规定课程——国学、生态文明、心理等学科
├─ 综合课程
│   ├─ 学科拓展课程——实践体验、口语交际等
│   └─ 学科联动课程——体育与音乐、艺术与表演
└─ 活动课程
    ├─ 校内实践课程——系列展示实践活动
    └─ 家校协同课程——家长学校系列活动

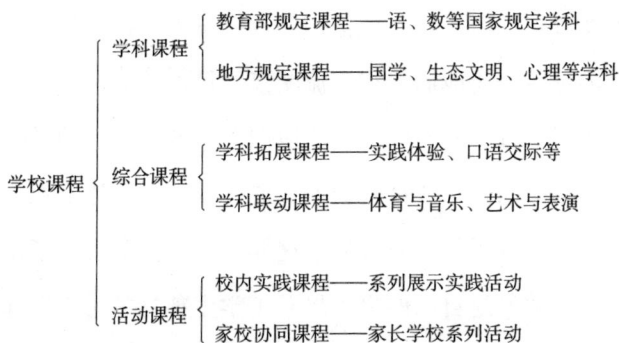

图1 南明小学课程设置

学校力求通过课程体系来保证阳光课堂的全面与个性，来实现对儿童的全面关注，成就学校的培养目标。期望培养的阳光少年体魄强健、意志坚强；诚实有礼、习惯良好；勤学善问、乐于思考；积极乐观、活跃自信。

第六，阳光课堂暖童心。课堂教学是我们实施教育的主阵地。我们的课堂强调教师主导、学生主体，我们经常强调要让学生成为课堂的主人，但如今的很多课堂上，教师仍然是主人。教师讲，学生听；教师问，学生答。教师让学生干什么，学生就干什么。学生始终处于被动的学习状态，思维不积极、想象不丰富、表达不精彩，离开了教师，学生就不会学、不愿学。学习是一种自我建构的过程，只有让学生真正参与学习，让学习真正发生在学生身上，学习才是有效的。为此，我们把课堂还给学生，让他

们积极参与学习过程，让他们阅读、思考、批注，真正地与课本对话。让他们互相交流阅读所得，共同讨论疑难问题，互相学习、共同成长。让他们大胆展示自己的学习成果，或深情朗读，或精彩回答，或合作表演。让他们评价同伴的学习过程、学习成果。这样的课堂使学生有了参与感，觉得学习是自己的事，培养了学生独立学习、合作交流的能力，学生成了课堂的主人，成了学习的主人。这样的课堂，使讲堂变成了学堂，教师由一线退居二线，由讲师变成导师。这样的课堂是提高教学效率、减轻学生负担的课堂。

安全感是一个人需要的。马斯洛认为，安全感是决定心理健康最重要的因素，可以被看作心理健康的同义词。马斯洛在其研究后期提出心理健康的标准，其中第一条就是个体要"有充分的安全感"。所以，作为教师我们对待学生的态度就很重要。我们要培养身心健康的学生就需要关注如何营造一个和谐的具有安全感的学校环境。教师对学生的尊重、理解、责任、宽容、陪伴、保护等，可以让学生有安全感；要让学生有幸福感，对学生的点滴进步就要不惜表扬，让学生参与学习过程，独学、对学、群学、探学，让他们展示、表现，真正成为学习的主人、课堂的主角，让学生有获得感，获得一种学习方法，获得思维的提升，获得语言的发展；要让学生有幸福感，就要让自己的课堂有趣、有料，让学生盼着上自己的课。应该说，好的教学不仅要关心学生知道了什么，更要关心学生是怎么知道的，怎样从一个错误的认识逐渐修正为正确的理解。这才是真实的教学，才符合学生学习的实际。

有时候，我们课堂教学见书不见人，老师想的是我怎样教书上的知识，很少去想学生会怎么想。我们布置作业也是这样，我们要求孩子去记忆和背诵，我们却很少有时间去教给或者让他们练习记忆和背诵的方法，以为只要肯用功就能完成作业。实际上，记忆力也是需要培养的。营造孩子喜欢的课堂就要关注学生真实的想法、关注学生个体水平的差异，就要贴近学生的生活，将课堂教学还原成课堂生活。把课堂还给学生不是简单地转让，而是教师着力设计、创造、提供更多的供学生思考的学习材料。学习不是一个简单接受的过程，而应该是学生自己体验、探索、实践活动的过程。夸美纽斯有一句名言："教一个活动的最好方法是演示。"其主张打开学生的各种器官，包括用眼睛看、手的触摸及动作，弗顿登塔尔将这一理论发展为"学一个活动的最好方法是实践"，动手实践、自主探索、交流反思是学生学习的重要方式。

一个教师要注重对学情的分析，教师需要分析的学情主要包括但不局限于以下几个方面：①知识。学生是否掌握了学习新知识所需要的前提性知识？学生是否已经通过自学或其他途径掌握了新知识？掌握了多少？程度如何？②疑问。关于要学习的新内容，学生有什么疑问？哪些疑问可以成为教学的重点？哪些可以让学生通过自学或同伴合作解决？③经验。关于新课所涉及的内容，学生有什么生活经验？是否缺乏某些重要的经验？如何补充这些经验上的不足？④兴趣。学生是否会对将学习的新知识感兴趣？感兴趣和不感兴趣的都有什么？如果不感兴趣，教师要怎么做才能激发学生兴趣？⑤潜力。学生的认知能力如何？学生能否掌握新知识？什么样的教学节奏更适合？是否要为学生提供更多的"支架"？学生的学习习惯、学习成绩和学习效果在很大程度上取决于教师怎样与学生说话，怎样理解他们，怎样引导和评价思维活动。老师鼓励学生的言语智慧应该成为一项重要的教学基本功。在课堂上，老师把"为什么"改为"你是怎么想的""能把你的想法说给大家听吗"……将教师放在倾听者的位置上，更关注学生实际的想法。如果试图让学生承担学习的责任，可鼓励说："谁愿意讲给大家听？"而不是"谁能讲给老师听？"当学生遇到困难时我们可以将"看黑板听老师讲"换成"老师有一种解法，你们看看行不行？"经常使用鼓励性的语言创造令人愉快的教学环境，让教学更有吸引力。

叶圣陶先生说教育要多向儿童瞄准，要关注儿童的需要。课堂教学是教师实施教育的主渠道，也是儿童接受教育的主渠道。如果课堂教学的成效不好，就会让教师失望，让儿童失去学习的兴趣和信心。课堂就是给孩子一个"安全、快乐、幸福"的青青世界，让他们自由地呼吸、自由地交流、自由地思考，使师师、师生、生生之间结成知己和伙伴。围绕"阳光暖童心"的教育理念，将教育理念转化为操作策略，融入和渗透到课堂教学中去，让学生在阳光课堂中得以成长。南明小学提出阳光课堂"七巧策略"：巧设教学目标、巧创问题情境、巧引学习方法、巧做实践活动、巧培审美情趣、巧养健康身心、巧用激励评价，力求通过对教学中独具匠心的巧妙构思和设计给学生创造充满人文情怀的课堂。

"七巧策略"在课堂教学实施过程中要求所有学科教师全面关注和实践，同时又根据课程特点进行了重点选择运用：把"巧设教学目标、巧创问题情境、巧引学习方法和巧用激励评价"四个研究内容植根于课堂教学中。课堂上，老师们让学生们跳出教材、走出教室，创设一种多元化的激励评价，促使学生主动、自觉学习。学生们在学习中感受到了求知的愉悦、创造的欣喜，教学过程成为师生共享的幸福旅程。在"巧做实践活动和巧培审美情趣的策略研究"中，推出了特色班级建设、年级特色活动、艺术特色比赛三类校本特色系列活动，培养学生形成积极健康的兴趣爱好。"巧养健康身心的策略研究"，与专业的拓展训练机构联合，有针对性地设计拓展训练课，逐步培养学生的自信心和意志力。"七巧策略"在阳光课堂的实践研究中，也形成了一些方式方法。例如，品德学科在"巧创问题情境"中通过对比呈现、再现生活场景，抓住矛盾冲突，利用故事悬念，开展实践活动、课前调查，设计竞赛游戏，利用卡通形象创设问题情境等。英语学科教师在"巧引学习方法"的策略研究中发现，在小学低年级采用歌曲、故事等方式导入，学生比较喜欢；在中年级采用猜谜语和游戏的方式能吸引学生的注意力；在高年级采用故事表演和网络会话活动更能引起学生兴趣；等等。老师们通过多种方法使他们能够在轻松、愉快的气氛中学习。

在阳光教育中浸润滋养，学生们生动活泼地成长，他们自信谦爱、朝气蓬勃！回归素质教育以人为本的本质，南明小学努力打造优良的学风校风，全面促进学生的健康成长。

大道至简，行者无疆。孔子云："有教无类""诲人不倦"。南明小学遵从先师之志，关注不同孩子的发展，让"阳光"照耀着课堂，让素质教育花香满园。仰望星空，我将坚定探索前行的步伐，以儿童为核心，坚持教育回归本原，帮助每一个儿童幸福、健康、快乐地成长！

我的幸福时光

　　2019 年 3 月 18 日是一个幸福的日子，令我终生难忘。这一天，我非常荣幸地代表贵州省中小学思政课教师赴北京在人民大会堂参加了习近平总书记主持的全国学校思政课教师座谈会。这是我党建党以来第一次以党中央的名义由党和国家领导人亲自主持召开的思政课教师座谈会，意义特别重大。

　　回顾参加座谈会的每一个过程都是一种幸福。参加座谈会的每一个细节都让我感到无比激动和振奋，作为一名思政教师我感到无比光荣，真切感受到了党和国家对教育的重视，对教师的无比关怀。习近平总书记和蔼的笑容、温暖的话语像一股股暖流流进我的心里。习近平总书记对国家、对民族的无限忠诚感动着我，对教育事业的殷殷嘱托激励着我，对中国青少年充满深情鼓舞着我，让我深深地懂得了一个教育者的责任与使命，是要把孩子的思想教育工作做好，把孩子教育好。

　　本次座谈会由习近平总书记亲自主持并发表重要讲话，

整个会议分两个环节。第一个议程是全国大中小学的思政课教师代表作交流发言。每个代表的发言都很简练、实在，谈思想、谈做法、谈经验、谈效果。当我看到全国有那么多优秀的思政课教师在自己的岗位上为青少年的成长作出了突出的贡献，形成许多优秀的教学经验和方法时，由衷地敬佩。习近平总书记听了教师代表的发言，对他们的做法进行了充分肯定，并向全国的思政课教师致以亲切问候，让我感到很温暖、很激动。

座谈会的第二个议程是习近平总书记发表重要讲话。第一次能聆听习近平总书记的教诲，我感到有些紧张和激动，生怕漏掉一句话。习近平总书记讲话深入浅出，娓娓道来，就像话家常，很多深刻的道理都会举一些实际的例子，说一说自己的感悟，慢慢地，我的心情放松下来，随着习近平总书记的讲话引发自己的思考和感悟，觉得思想政治工作慢不得、等不得，我作为一名基层的思政工作者做得还太少，离习近平总书记的要求还很远。

认真聆听和学习近平总书记的重要讲话，让我对学校思政课有了深刻的理解和认识，让我感到学校思政课意义非常重大，解决了自己思想上的困惑，习近平总书记的讲话振奋人心，我深知作为教师使命崇高，决心坚决贯彻落实习近平总书记的讲话精神，做一名好的思政课教师，给学生心里埋下真善美的种子，扣好人生第一粒扣子。

座谈会上，习近平总书记首先指出思想政治课教育是重要基石，是德政工程。青少年是祖国的未来，是民族的希望。习近平总书记把青少年时期的成长比作"拔节孕穗期"，正是心智健全、思维活跃需要用心栽培的阶段，思政课作用不可替代。习近平总书记讲话充满了深情，触动心灵，发人深省。

习近平总书记谈到，办好思政理论课的意义重大。习近平总书记从建党以来各个时期对思政教育作出的重大部署，尤其是党的十八大以来党中央强调必须要从维护国家意识形态安全的高度来抓好"语文、政治、历史"三个学科的教育，强调培养社会主义的建设者和接班人这个目标不能模糊。习近平总书记又一次强调要抓好青少年重点人群，学校要把德育放在重要位置，课堂不仅传播知识，更要传播美德，让美德生根发芽。学校要引导学生自立自信，防止思想教育形式化和表面化。要把思政课放在世界全局和复兴大业的高度来看，"两个一百年"奋斗目标和中华民族伟大复兴的伟业要靠一代又一代青少年来完成。我们党的千秋伟业必须依靠为社会主义事业奋斗终生的有用之才。习近平总书记强调，小学、中学、大学思政课必须树立正确的世界观、人生观、价值观，把个人的成长与国家的发展结合起来。学校是意识形态的前沿阵地，不是象牙塔也不是桃花源。办好思政课就是坚持马克思主义，坚持"四个自信"。习近平总书记指出，这些年来思政课成果显著，但也存在问题。习近平总书记列举了对思政课重要性认识还不到位、教材和师资队伍建设有所欠缺、课堂还不够鲜活、按 1∶350 设置专职思政教师缺口大、高学历高职称师资少、马克思主义学院的生源问题、民办学校思政课教学为短板、各类课程与思政课的交融有待增强、教师的教学能力有待加强、家庭社会的相互配合等一系列问题。思政课要为守正创新提供保证，不能刻舟求剑，要把握创新发展。习近平总书记的讲话让我看到思政课教育肩负着国家未来发展和民族复兴的大任，思政课不仅是教育孩子养成良好的道德品质和行为习惯，让孩子从小树立远大的理想和抱负，更是祖国的需要，如果我们对思想教育还停留在个人发展层面的认识，怎么能完成国家交给我们的任务呢？反思学校的思政工作，学校工作德育是首位，可是我们却窄化了德育工作，有时候我们更多关注德育活动的开展，重视组织各种丰富多彩的活动让孩子们参与，但是对思政课教学的研究重视不够。思政课教师专职少兼职多，任课教师对课程也不够重视，研究不多、兴趣不高，常常将其看作可有可无的课程。思政课上不好，如何体现学校工作要把德育放在更加重要的位置呢?

习近平总书记提出,办好思政课要解决"立德树人"的根本问题,解决培养什么人,为谁培养人,怎么培养人的根本问题。习近平总书记说,如果我们不培养社会主义的接班人,就会有人培养其他主义的接班人。要回答这个问题,就要理直气壮上好思政课。上好思政课我们有三个基础条件:一是马克思主义的理论基础,我们党在马克思主义的指导下带领中华民族从衰弱逐渐走向强盛,中国的发展证明了马克思主义理论中国化是科学的理论,马克思主义的理论体系和指导地位是上好思政课的基础和条件。二是我们对共产党执政规律、社会主义建设规律、人类社会发展规律的认识和把握不断深入,开辟了中国特色社会主义理论和实践发展新境界,中国特色社会主义取得举世瞩目的成就,中国特色社会主义道路自信、理论自信、制度自信、文化自信不断增强,为思政课建设提供了有力支撑。三是中华民族几千年来形成了博大精深的优秀传统文化,我们党带领人民在革命、建设、改革过程中锻造的革命文化和社会主义先进文化,思政课建设长期以来形成的一系列规律性认识和成功经验,为思政课建设守正创新提供了重要基础,为思政课建设提供了深厚力量。听了习近平总书记的分析,我深深感到自己对政治理论的学习远远不够，有时自己只是站在学科的角度关注学科教学规律的研究，对政治理论的研究学习还是门外汉，作为一名教师，如果没有正确的理论认识，只能成为一名教书匠，怎么能做教育者呢？

办好思政课的关键在教师。思政课需要教师的积极性和创造性，思政课教学涉及的理论多，对教师的综合素质要求高。思政课教师要给学生埋下真善美的种子。习近平总书记提出了思政课教师的六大素养：

一是政治要强。信仰要坚定，要让有信仰的人来讲信仰，才能引导学生真学、真信、真用。要坚信共产主义是存在的。总书记用登泰山的例子生动地说明我们目前处于共产主义的初级阶段，需要不断努力才能达到共产主义奋斗目标的道理。教师要善于从政治上看问题，在大是大非面前保持政治清醒，牢记初心，不忘宗旨，引导学生真学、真信、真用。这些教导让我们明明白白做教师，不能"两耳不闻窗外事，一心只教圣贤书"，不能忘记教育的初心，应坚持教育为人民服务，为中国共产党治国理政服务，为巩固和发展中国特色社会主义制度服务，为改革开放和社会主义现代化建设服务。

二是情怀要深。教师要有家国情怀、传道情怀、仁爱情怀，心中始终装着学生。习近平总书记说："课堂的情怀最能打动人，可能打动人的一生。"并述说自己中学时代的思政老师生动讲述焦裕禄和自己学习焦裕禄的故事。习近平总书记不仅在学习中感受到教师深深的课堂情怀，作为一名学生能与教师心灵相通，认真聆听老师的教诲，孜孜不倦地追求真理，多年之后还能清楚地记得老师的教导，这不仅说明老师讲课有情怀，学生学习也有很深的情怀。教师认真教，学生认真学，师生情谊就在真理的追寻中越来越深厚，这就是高尚的师生情谊。2019 年全国Ⅲ卷高考作文："你们再看看书，我再看看你们"，不正是对教育真情的呼唤吗？师生用心用情才有好的教育。

三是思维要清。思政课要有思维，引导学生正面思考，让其对社会前景充满信心，引导学生有正确的思想。保持家国情怀，心里装着国家和民族，在党和人民的伟大实践中关注时代、关注社会，汲取养分、丰富思想，学会辩证唯物主义和历史唯物主义。创新课堂教学，给学生深刻的学习体验，引导学生树立正确的理想信念，学会正确的思维方法。死读书和读死书的做法不能让学生适应瞬息万变的时代变化。老师要引导学生学习关注时代变化，与时俱进，不局限于书本知识，教育总结过去，关注当代，着眼于未来。

四是视野要广。做一名思政课教师并不简单，要广泛涉猎各学科的知识，视野要广，要有国际视野、历史视野，才能通过生动、深入、具体的纵横比较，把一些道理讲明白、讲清楚、讲通透。

五是自律要严。习近平总书记要求教师课上课下要一致，网上网下要一致，自觉弘扬主旋律，积极传递正能量。这就要求教师要知行合一，不做两面人。我想教师不仅是课堂上的老师，也是生活中的老师，老师这一称谓不同于普通的群众，社会对教师形象的期盼高，"园丁""蜡烛""引路人"等称谓让人们对教师充满了信任和期待，如果我们不能做到课上课下和网上网下一致就会失去教育信任。

六是人格要正。教师要有人格魅力、学识魅力。思想有境界，语言有魅力，要知行合一。

关于推动思政课改革创新，习近平总书记提出了八个相统一。这八个相统一分别是：坚持政治性与学理性相统一，坚持价值性和知识性相统一，坚持建设性和批判性相统一，坚持理论性和实践性相统一，坚持统一性和多样性相统一，坚持主导性和主体性相统一，坚持灌输性和启发性相统一，坚持显性教育和隐性教育相统一。这八个相统一为我们指出了思政课创新的方法和路径，为我们理直气壮上好思政课奠定了基础。习近平总书记以透彻的理论说服人，要求各级各类学校和思政课教师要旗帜鲜明地进行思政课教学，不能用学理性弱化政治性。提出思政课教学不要照本宣科，应采用探究式、案例式教学等多种教学方式，关注学习方法的创新，关注学生年龄阶段的学习特点和兴趣，关注教材是教学的依据，关注思政课与其他学科的整合，关注教师主导和学生主体，多阅读马克思理论经典著作，教师要会讲故事，能讲好故事。思政课要打好"组合拳"，做到执行、知行统一，做到让学生口服心服，心服口服。这些话都深深印在我的心里，思想和方法、知识和行动，都要我们认真践行。

习近平总书记指出思政课是战略性的博弈，办好思政课的关键是党。他要求加强党对思政课的领导。各级党委抓好思政课，党政齐抓共管，全党全社会协同配合。学校书记校长带头走进课堂，带头联系思政课教师，大力宣传党的政策方针，要增强教师荣誉感，落实思政课教师岗位津贴。配齐思政课教师专职队伍，创新工作机制，落实各项政策保障，让教师踏实教学。要建立评价体系。要高度重视思政课后备人才的评选。教育部门要针对不同学段设置不同的教学目标，大中小学纵向贯穿，横向联合，要完善课程体系，鼓励教学名师到思政课堂讲课。要关注家庭教育的重要作用，与家教、家风建设密切相关。中外民办学校办好思政课，没有例外。各地区各部门领导到学校讲思政课。习近平总书记为思政课的建设绘就了宏伟蓝图，指明了前进的方向，每一名思政课教师都应该认真履行好使命，坚守本分，做一名会讲故事、讲好故事的教师，立志讲好中国故事，立志为培养下一代铸魂育人，为建设祖国和家乡奉献自己的力量。

我是一名思政课教师，也是一名被党教育培养多年的小学校长，我不仅自己要在思想上有进步、方法上有提升，更要带头重视思政课、研究思政课、上好思政课、推动思政课，用自己的实际行动影响带动学校和老师发展。我开会回来之后，不断认真学习和整理会议记录，积极向上级领导汇报学习情况，主动向老师们传达宣讲会议精神，组织老师们研究思政课教学，用自己的实际行动贯彻落实好习近平总书记重要讲话精神。

在今后的工作中，我将在上级各级党委的领导下认真抓好学校思政课建设，立足工作岗位，全面落实立德树人根本任务，在孩子心里种下真善美的种子，帮助孩子扣好人生的第一粒扣子。不辜负党和国家的重托，不辜负习近平总书记的殷殷叮嘱，不辜负领导的信任和培养。

俯首甘为孺子牛，蜡炬成灰泪始干

——王玉校长事迹报告

王玉同志生前是南明小学的副校长，从江县丙妹镇大歹小学第一校长，国家二级心理咨询师，贵州省五一巾帼标兵，贵阳市骨干教师，贵州省骨干教师，贵阳市优秀教育工作者，南明区十届政协委员，于 2021 年 1 月 26 日突然因病离世，给我们带来了巨大的悲痛，她将自己短暂的一生全部奉献给挚爱的教育事业，为孩子们拼尽最后的一丝力气。她平凡的一生让我们看到一位普通的教师对工作的执着和热爱，让我们看到了"蜡炬成灰泪始干"的真实写照。今天，我们在这里学习她的事迹，不是因为她有多大的丰功伟绩，而是她用一生来坚守一个教师的承诺，用生命来担当教师的使命与责任。

我和王玉是 2001 年相识并成为同事的。那一年，我们两个通过公开招考进入南明小学任副校长。那时候，王玉28 岁。年轻有活力、朝气蓬勃，分管学校的德育和数学学科。王玉为了更好地适应工作，不断地努力学习，那时候的网络还不发达，她主要是通过报刊和书籍学习。为了让学校的工作能跟上时代的步伐，王玉下班时包里总是装着晚上学习的书籍和杂志，她在这些书籍里得到很多启发和灵感，并尝试着运用到工作中。在她的努力下学校的德育活动开展得有声有色。王玉特别爱惜学校的名誉，常常说的一句话是"南明丢不起人"，以至于做什么事都高标准、严要求，尽力做到最好，从不马马虎虎，敷衍了事。她常常想，我们虽然身在贵阳这座二线欠发达城市，但我们的思想、我们的教育不能落后。每组织一次活动，她都要想方设法看看发达地区有没有更好的经验，有没有创新的做法，这让学校的工作不仅局限于自己的经验和现实，还有了更多的创新点，以追求完美，学校也因此建立起一支得力的德育工作团队。德育团队的老师们白天都有教学任务，每天下班后都要在办公室研究德育活动和相关工作，这成了工作的一种常态。

王玉在副校长岗位上工作二十年，从未向组织提出任何要求。学校安排什么工作她都欣然接受，不讲条件。她说："只要学校需要我，我能干，我就要干好！"在学校里，她曾分管职称评审工作，每年她都会召集老师认真学习文件，指导老师整理资料，填写表格，带着老师审核，认真组织校内考评，学校的师资队伍得到良好的发展。每一次活动，王玉都亲力亲为，处处都有她的身影。2003年，学校组织军乐团夏令营，王玉带队在夏令营一直坚守，每天白天训练，晚上查寝，一个夏令营下来，她的嗓子哑得说不出话，皮肤晒黑、晒伤了，但她没有一点儿怨言。看到孩子们一天一天进步，她说"再黑也值得"，后来学校的军乐团成为学校一张亮丽的名片，在教育系统组织的很多比赛中都名列前茅。2012年，南明小学接到帮扶任务，要帮扶南明区新建的民办华麟学校小学部。华麟学校虽然是民办学校，但属于小区配建学校，业主子女按公办就读条件就读。离开熟悉的环境，去一所新建的学校工作，是很多老师的坎儿，有一些老师提出各种理由不愿去。王玉根据学校的安排，作为执行校长接受了帮扶任务。王玉认为，无论到哪里，南明小学的牌子不能砸，一定要干出成绩来。她作为执行校长，学校的校园文化、师资培养、课程设置、学校特色、学生培养等方面都要亲自设计、亲自动手、亲自把关，一点一滴带着老师们干，一干就是五年，2017年年底，南明小学圆满完成了对华麟学校小学部的帮扶任务。如今，华麟学校小学部的办学效益得到社会的普遍认可和赞誉，成为贵阳市南明区优质民办学校，王玉为这所学校的发展打下了良好的基础。

遗憾的是，2017年11月，王玉被查出身患肠癌，暂时离开工作岗位进行治疗。

王玉特别坚强。当听说她身患癌症时，我们都有些受不了。去医院看望她，她没有一点儿怨天尤人。她安慰我们说幸好发现得早，医生说手术了就好了，让我们不要担心。那次住院就发现她的血糖很不好，打针吃药都没办法控制好。因为血糖不好，她手术后的伤口很难愈合，很长一段时间都必须体外排泄。这增加了她很多痛苦。但她从不说。经过一年的治疗，2019 年 3 月她又重新回到工作岗位。当时我们劝她多休息，她说："工作也是休息，我没事，我会注意的，我能干点什么就干点什么。"她家离学校比较远，每天必须要坐车才能到，但她每天仍坚持到学校工作。2018 年，治疗期间她坚持学习，取得了贵州师范大学教育硕士学位。2019 年，她被评为省级骨干教师。

在组织需要的时候勇挑重担。2019 年 10 月底，我接到南明小学到从江县丙妹镇大歹小学组团式驻点帮扶的任务，说实话，我心里没有底。怎么干？学校是个什么情况？完全没有底。我把任务在会上一说明，大家就开始炸锅了。到离家几百公里的农村地区工作，对女老师来讲肯定是困难的。女老师的家庭负担比较重，孩子、老人需要照顾，身体原因也要考虑，这是实情。但我们知道这是必须要完成的任务。经过反复考虑，大歹的工作必须是一支强有力的队伍，班子要齐、队伍要稳、能力要强、情怀要深。令我没想到的是，多位老师主动申请要来，而其中包括王玉。当时我真的很感动，没想到那么大的难题就这样解决了。可我知道，王玉的身体不好，我们都很担心她身体吃不消，但她说："我知道自己的身体，如果干不动我会休息的。"她回家征求爱人的意见，她的爱人也支持她的决定。她反而安慰我说："去支教这件事也要好好谢谢老姐给我机会，让我能在团队里完成支教工作，免得我一个人去支教孤单。正好还能实现我当乡村女教师的梦想。"为此她还专门去买了一件西装，为开会的时候准备的。就这样，王玉成了帮扶团队的一员。我们没有农村教育工作的经验，班子一起商量怎么开展工作，都帮扶什么，要拿出具体的帮扶措施。她知道我有难处，就鼓励我说："我们一起面对，这十几年，我们什么风雨没有见过啊，这种经历挺好的。"她还说，结束的时候我们拍个纪录片。谁能想到第一阶段的帮扶刚刚结束，她就走了呢。回想我们两个携手走过的二十年，我们一起工作、一起学习、一起生活、一起进步、一起成长，如今，却再也不能一起去面对困难。

把师爱献给山区的孩子。王玉满怀教育激情，怀揣着做乡村女教师的梦想，不顾自己是个身患重症的病人，来到大歹小学，投身于教育脱贫攻坚的工作中。大歹小学的工作，的确比设想的更加具体，也更有难度。但她认定的事情一定要认真做！还要做出成绩来！王玉的这股子韧劲让我们佩服。王玉很快投入到工作中。到大歹小学的第一天，她看到学校还在建，看到孩子们陌生胆怯的眼神，她没有嫌弃，也没有抱怨，而是在朋友圈里发了一个信息："欢迎大家来骚扰！"我知道，这是王玉主动把责任扛在肩上，要尽全力帮扶大歹小学的决心。在组织的安排下，王玉担任大歹小学第一任校长，正式开启教育帮扶之路。大歹村是一个深度贫困村，村民文化程度低，没有教育意识和教育能力，长期不重视教育。学校的孩子们也没有学习意识和习惯，学习基础很差。来到学校以后，我们就开始商量怎么帮扶。大家商量一定要先从孩子开始，吸引孩子来上学，让孩子喜欢来上学，喜欢学校，喜欢老师。"哄孩子"是个重要的事情。我们发现他们特别喜欢吃糖，为了哄孩子，我们就在县城和贵阳买了很多糖果。老师们随时把糖果带在身上，随时鼓励和走近孩子。渐渐地，孩子们认识了贵阳的老师，不再见到老师就跑，开始主动和老师打招呼。王玉为了让孩子们相互了解，让孩子们认识老师们，策划了"师生游戏节"，带着老师们和孩子们玩游戏。以"以爱育爱，自强不息"作为学校的校训，组织"爱"的主题宣传，提出"我们爱学校""我们爱读书""我们爱生活""我们爱老师"等口号，让孩子们的生活丰富起来。王玉不断组织丰富多彩的活动，通过活动激发孩子的学习兴趣。支教的前两个月的时间里，我们先后组织了首届运动会开幕式，邀请外校的学生和大歹的孩子们一起进行足球赛；组建了学生社团，让每一个孩子都进入社团，接受一些体育艺术等方面的学习；组织朗读比赛、写字比赛、口算比赛，让孩子对学习有兴趣。在各种活动的浸润下，大歹的孩子们渐渐开朗起来，脸上的笑容也越来越自信。爱和鼓励是最好的教育方法。为了鼓励孩子们养成良好的学习习惯和生活习惯，王玉带着老师们亲自为孩子们洗手、洗头、剪指甲，手把手教孩子们洗脚、洗衣服，教孩子们整理内务，教孩子们吃饭。每一周都组织评选"最美大歹娃"，发笑脸牌，积累笑脸牌换奖品，一张张奖状换来孩子们一张张笑脸。学期结束，组织"小手牵大手，文明新风进农村"活动吸引了全村的村民朋友第一次走进学校，看到学校的变化。渐渐地，孩子们真的喜欢来上学了。

王玉心很细，善于发现孩子们的优点和进步。只要她发现哪个孩子有什么长处，她就主动为其创造学习条件和锻炼的机会。谁爱唱歌，谁爱画画，谁爱跳舞，谁会打球，她都知道。王玉特别关心孩子，谁生病了，谁受伤了，谁不高兴了，她也知道。在学校里，孩子们都认识这位王老师，也都喜欢王老师！去年冬天，她发现很多孩子的手因为天冷有的开裂，有的长冻疮，她很心疼，就去买了很多宝宝霜发给孩子们使用，并仔细叮嘱怎么用。孩子们心里暖暖的。她发现孩子们衣物不够，就主动想办法给孩子们买衣服。帮扶的一年时间里，王玉协调爱心人士给全校孩子们买保暖内衣、棉背心、鞋子、袜子。她就像孩子们的妈妈一样时刻关心孩子们穿得暖不暖，吃得饱不饱，过得开不开心。可以说，她的整个身心都扑在孩子们身上。她不仅甘为孺子牛，还是默默奉献的老黄牛。

给孩子们插上飞翔的翅膀。王玉为了鼓励孩子们今后走出大山，从小立下志向，先后多次协调组织大歹的孩子们走出大山，每个学期到贵阳游学，带着大山里的孩子们开拓眼界。2020 年 1 月，帮扶的第一个学期结束她就要带孩子游学。由于是第一次游学，很多家长不了解，也说不通，他们怕贵阳的老师把自己的孩子弄丢了，尽管所有的费用都通过协调解决了，家长没有经费负担，但还是不支持孩子走出去。王玉就带队亲自到家里给家长做工作，说服家长让孩子们出来看世界。尽管语言不通，但她的真诚打动了家长，孩子们最终得以出行。为了顺利出行和安全，王玉和老师们带着孩子吃住行，寸步不离，贴身照顾，每到一处就给孩子们讲外面的世界，及时对孩子们进行教育。

王玉的细致周到消除了孩子们的胆怯，孩子们现在把到贵阳游学作为自己的愿望。很多孩子都愿意出来见世面，很多家长也感到自豪。有家长骄傲地说："我的孩子要去贵阳游学了！"孩子们的世界慢慢被打开。每次游学，王玉都精心设计游学课程，协调游学各环节。孩子们来到贵阳看什么、学什么、体验什么、收获什么，都要仔细考虑。这样的游学一共组织了三次，孩子们到南明小学学生家庭进行生活体验，到贵州大学访问，到多彩贵州城、科技馆、动物园探秘，体验高铁、地铁等新交通方式。最后一次游学是 2020 年 11 月底，王玉组织音乐社团的孩子们到贵阳录制《蝴蝶妈妈》，带着他们走进贵州电视台直播间，让更多的人认识到大山里的孩子也是很优秀的。也就是这一次，《蝴蝶妈妈》这首歌给孩子们插上了飞翔的翅膀，孩子们的歌声飞出了大山："天边的云霞啊，红红的杜鹃花，古老的枫树上，住着蝴蝶妈妈。我的蝴蝶妈妈，世代保佑苗家……"而王玉，就是孩子们的蝴蝶妈妈。她为了帮助孩子们，不遗余力，尽最大努力协调各种捐赠物资，从生活用品到学习用品。

学校校园文化建设期间，王玉更是身先士卒，亲自上阵，完全忘记了自己是个病人。学校是个新建学校，校园文化需要精心设计和基本建设，作为农村学校，学校离县城远，交通不便，学校经费有限，校园建设必须依靠自己，王玉带着老师们一起粉刷墙壁，清扫校园，组装捐助来的画架、书柜，整理各种图书和衣物，常常忙到深更半夜。王玉每次劳动都参加，大家劝她休息，她却说："我和大家一起做，大家做得会更开心。"

教育强必须教师强。王玉把自己当作一名教师，事事处处为教师做表率。她常说："我就是一个老师，做自己该做的事。"教师是学校发展的不竭动力。为了引领教师专业发展，王玉一头扎进课堂，深入课堂听教师上课，和教师一起教研备课，带着教师一起做课题研究、研读教材、研读课标，一起练习教学基本功。她说："大歹的老师要自信，要成为教学的能手。"每次发现教师教学上的问题，她都认真地指出来，并且协调南明小学的骨干教师进行跟进指导。她听说南明小学哪位教师有新招了，就主动联系教师传授经验。"一个老师的成长必须通过课堂的磨砺。"为了教师们成长得更快，她组织学校开展公开课教学，组织大家相互听课评课。以前，教师们上公开课都是自己琢磨，现在，教师们的公开课要通过课前小组研讨，反复试教，课中认真观察，课后不断反思。这是南明小学校本教研的常态，后面也成为大歹小学教研常态。年轻教师们的教学能力得到很大提升，有了教学自信心。农村学校的教研活动也开展得有声有色，常常和贵阳市、黔东南州、从江县的教师们同课异构，共同研讨。教研氛围越来越浓厚了，激发了教师们的专业热情。王玉还带着教师们到南明小学跟岗学习，组织南明小学的教师和大歹小学的教师换岗学习，两个学校的互动交融成为帮扶的一项重要内容。

2020年春季，王玉在贵阳为大歹孩子录制鼓励视频，亲自带头示范，亲自领衔二年级健康教育课程，亲自参与录制"空中黔课"。录制课程中，为了保证录制效果，她拍小视频给我，让我看看哪种语速更好，她搬个椅子当作摄像机，对着"摄像机"一遍一遍背诵教案。而那时候，王玉发现自己的病情发生了变化，癌细胞已经转移到肺部，她一声不吭，硬是等到录制结束后的3月，才悄悄到医院去做了肺部手术。她的肺部被切除了一部分。手术后，她呼吸一直不太好，常常喘不过气来。而5月，她不顾自己身体又毅然回到大歹小学继续工作，我们劝她休息，她说："假期太长了，担心孩子们对学校开始陌生，不能让一个孩子落下。"老师们心里有了主心骨。她为老师们做榜样，老师们为她无私奉献的精神所感染，工作热情越来越高涨。

是怎样的意志在支撑她，那就是教师的责任与使命。命运弄人，经历这么大的磨难，她从来不向命运低头，一直与病魔作斗争，用自己的坚强意志一直坚持着、坚守着。

暑假期间，她还组织南明、大歹的孩子们互相结对走访，组织假期返校活动，查看学生的作业，组织学生活动，带着孩子们洗衣洗澡，时刻坚守来之不易的成果。她特别重视通过活动对孩子们进行教育培养，2020年端午节，为了让孩子们了解端午节的意义，她自己出钱购买了大米和肉，组织全校教师和孩子们一起包粽子。2020年11月，是大歹村一年一度的盛大节日——苗年，为了让村里的家长看到孩子们的成绩，她组织排练了精彩的表演节目，亲自出钱为孩子们购买演出服，为孩子们化妆打扮，在大歹村庆苗年的演出大会上，孩子们精彩的演出得到了家长的赞扬，看到自己的孩子在学校里学到这么多知识，家长心里亮了，对学校、对老师更加信任了。针对大歹村的具体情况，为了让家长更加重视教育，王玉和省纪委专班、从江县委宣传部、丙妹镇党委的同志一起策划了大歹村"爱读书之家""爱卫生之家"评选活动，对大歹村讲文明树新风、支持孩子读书的家庭进行挂牌奖励，让读书成为家长的认同。如今，大歹村里"尊师重教""子女要读书，以后有前途"这样的宣传标语比比皆是。在我们的走访中，家长对教师特别尊重，孩子的奖状都贴在家里最显眼的位置，还有的家长将学校发给孩子的笑脸年历画贴在家门口，晒孩子的奖状是大歹村的一种新时尚。可以说，这和王玉的努力是分不开的。

学校教育引发的变化也是潜移默化的，一些孩子知道把家里打扫干净，精心布置自己的小房间，二年级的孩子知道主动牵着老师上坡下坎，会主动起身送客。家长和孩子们也主动邀请老师到家里去做客……

王玉把大爱留给了人间。2020 年 11 月，王玉的身体出现了一些情况。先是嗓子开始哑了，说不出话来，大家问她，她说自己不小心感冒了。走路也显得没有力气，但她还是坚持要和大家进村走访，每到上坡，都要同事帮忙推着走。尽管不能说太多话，但她还是坚持为孩子们批改作业，指导孩子们活动，为孩子们准备表演服装。2021 年 1 月 20 日，我们两个一起去大歹参加学期结束活动。当我在贵阳北站见到她时发现她走路有些一瘸一拐，问她，她说自己的脚崴了，走不动。在从江站下车后，发现她走路艰难，有些蹒跚，走几步就要停下来休息一下才行。回到学校，她说是晕车了，没有力气。当天下午，她特意化了妆，坚持参加孩子们的假期送别仪式，之后又硬撑着组织雏鹰班的孩子们，并将假期作业布置给孩子们，要求孩子们假期好好学习。晚上吃饭时，她基本吃不下饭，喝了几口汤就休息了。21 日，她还是一点饭都吃不下，只能喝一点骨头汤。大家很着急，她说没有事，过两天就好了。就是这样，当天晚上，我们还在一起统计全校学生的学习成绩，为孩子们取得的进步高兴不已。22日早上，同事们发现她的情况不好，就劝说她马上回贵阳，但她坚持要和大家一起走。为了让她能早日回到贵阳，我们告诉她之后的工作分组进行，我们先返回一批工作人员，所以22日下午，在同事的呵护下她返回了贵阳。24日，王玉入院治疗，本以为我们可以放心了，可是25日，医生发现她的病情严重到不可逆的程度，癌细胞已经转移到心脏，直至26日凌晨4时，王玉永远离开了，离开了她热爱的这个世界，离开了她深爱的事业，离开了她深爱的孩子们。

王玉的离开让我们百般不舍。她用担当和奉献精神让自己短暂的人生无限延长，用爱心和坚守让我们看到一名教师的初心和教育情怀。她为别人想的多，为自己想的少，她的行为和精神激励着我们、影响和鼓励着我们的学生，很多孩子立志要当一个像她一样的老师。大家无不被她的事迹感动，自发赶来送别，一抔大歹的热土、一瓶大歹古井的泉水永远陪伴着她。从江县委、县政府给予她嘉奖，黔东南州州委、州政府给她记功，追认她为州级优秀教育工作者，省教育厅省人社厅也给予记大功表彰。她走了，那么突然。她走了，更多的老师会在她的精神激励下继续奋斗！大歹小学也一定会成为一所优秀的学校，孩子们一定会走出大山，成长为祖国需要的有用人才。

祝愿在乡村振兴的伟大事业中教育发挥更大的作用，祝愿每个教育工作者在伟大教育事业中幸福成长，让教育美，教育真美，教育必须美。

我亲历的教育组团式帮扶

——贵阳市南明区南明小学组团帮扶大歹小学

2019年11月，由贵州省教育厅牵头，贵阳市教育局统筹，南明区教育局指派南明小学对大歹小学实施驻点式组团帮扶，我作为帮扶团队成员，到从江县大歹小学参与了帮扶工作。在这个工作中我深受教育，感受很深，切身感受到党和国家对贫困地区的关怀，真的是"全面小康的路上一个也不能掉队"。我感受到脱贫攻坚成果来之不易，感受到城乡教育存在巨大的差异，感受到教育事业发展真的任重道远。

通过近两年的帮扶，大歹小学这个曾经被称为"贵州教育的洼地"，如今被称为全省最美村小的学校，被教育部评为了"全国温馨乡村校园典型案例学校"，教育厅领导称赞大歹小学的变化是"一步跨千年"。我为自己能参与这个工作感到高兴，也为自己能为大歹小学的发展尽自己的力量而高兴，更为大歹小学孩子们感到高兴。大歹小学的帮扶经历让我终身受益，也让我对南明小学这个集体更加喜爱和敬佩，南明小学师生在任务面前拿得起，有责任有担当，讲团结讲奉献，能做出成绩来。

大歹小学的帮扶能取得这么好的成果，得益于各级领导的直接关心和帮助，得益于贵阳市教育局、南明区教育局领导的高度重视，得益于南明小学全体师生、家长的共同努力，得益于这支强有力的帮扶团队勠力同心，无私大爱。南明小学接到帮扶任务以后，就积极抽调人员组建驻点团队。为了确保帮扶工作顺利进行，学校决定抽调党政领导和骨干教师组成第一批帮扶团队，学校把班子分成两组，要兼顾学校和帮扶工作正常运转。学校党总支书记陈晓丹、副校长王玉、组织员李艳、体育老师赵发勇以及我共五个人成为第一批成员到大歹小学驻点开展帮扶工作，考虑到帮扶工作的实际需要，我负责帮扶工作的策划、统筹、协调和落实。省厅和市局的领导亲自送我们到大歹小学，并举行了南明区教育局和从江县教科局的签约仪式。教育厅专门召开了工作会，给我们提出"一年大见成效，两年共赢成长，三年全面发展"的帮扶目标。周进副厅长给我们提出"不给当地教育局和学校添麻烦，注意民族地区的传统，不拿从江的一针一线"的要求。这些要求，我都历历在目，记得清清楚楚，确实也做到了。

根据工作需要，从江县教科局任命我为从江县教科局教育顾问、从江县城关镇一小的名誉校长；王玉担任大歹小学第一校长；李艳担任大歹小学第一副校长；赵发勇担任学校德育主任。因为学校还没有建党支部，陈晓丹同志暂时没有任职，2019 年 12 月，在陈晓丹的指导下学校成立了党支部，陈晓丹任第一书记（当时大歹小学为从江县城关镇一小大歹校区，后来又改成从江县丙妹镇中心校所属的村小，更名为从江县丙妹镇大歹小学）。因为学校刚建成，很多工作都必须整体推进，相互配合。当时计划驻点一年，一年结束以后，为了保住脱贫攻坚成果，第一批团队成员没有撤回，又继续支教。2021 年 9 月，学校组织杨青、殷舒亚、付禹等第二批团队接续，2022 年 3 月，第一批团队才返回学校。目前，第二批团队成员也发挥了很大的作用，继续带领学校发展。杨青担任大歹小学第一副校长，付禹担任教务主任，殷舒亚担任德育主任。

走进质朴的乡村苗寨

从江县大歹村作为贵州省深度贫困村，是一座非遗苗族村寨；距离从江县城 26 千米，属于从江县城所在地丙妹镇下辖村寨；有 200 余户，2000 多人口，是纯苗族古村落。大歹村位于大山深处的山顶，长期交通不便，道路不通，进出主要靠步行，很多妇女和儿童没有走出过大山。大歹是世居苗寨，苗语是母语，至今村里还有许多妇女听不懂普通话，更不会用汉语交流，与外界交流的机会很少，就连外出打工挣钱的妇女也不多。尽管中国农村地区人们的生活发生了翻天覆地的变化，都逐渐走向城镇化，但大歹村村民依然过着简单的男耕女织的农耕生活。男人种田，女人在家纺线、织布、染布、绣花、做衣服、带娃。由于民族地区村民的婚姻观念，村里大多不对外通婚，婚育年龄早，家家都有几个孩子。

村里平常的饮食非常简单，这里出产的糯米很有名。主食以糯米饭为主，蒸一次糯米饭可以吃几天，大人孩子都习惯用手抓饭，饭在手里使劲捏成团，就着煮好的青菜就是一顿饭。家家都制作腌肉和腌鱼，有一种特殊的酸味，可以直接生吃，这算是一道美味。吃生，也是一种特点。最美味的可能是牛肉，这里的小黄牛也是很有名的。遇到重大的节日，就会宰牛庆祝。牛是大家合伙买的，刚杀好的牛，大家平均分成若干份，分到各家做成美餐。其中有一道菜很有民族特色——将刚宰杀的新鲜牛肉拌上新鲜血，再加上当地的一种酸菜与野菜。牛瘪（牛胃里没有消化的青草食物挤出来的汁水）也是他们的特色，在当地非常受欢迎。

他们的节日也是很具有民族特色的。"大节三六九，小节天天有"就是说节日之多。他们过节基本上都是要杀牛宰鸭美餐一顿。新米节、烧鱼节、清明节、苗年……都很隆重。有一次，有个教师邀请我们去家里过新米节，我以为过节就是看少数民族同胞身着节日盛装载歌载舞。去了老师家，我急着问在哪里去看过节，老师说没有跳舞，就是请大家在家里吃饭，家里来的人越多越好。我看他家准备的牛肉、鸭肉、稻田鱼等都是肉菜，很是丰盛。这和我们过年一样，一顿丰盛的年夜饭各种祝福都有了，也充分体现了"民以食为天"吧。

我们在帮扶的第一学期就遇到大歹村过苗年。那是在2019年12月底，大致是冬至过后。早上起来，老师们发现孩子们都没来上学，就连住校的学生也没有来，学校里静悄悄的，老师们都不知道发生了什么事。一打听，原来是村里过苗年，孩子们就自行放假三天过年去了。那时候我们不了解民族地区的情况，又接近学期考试，所以老师们最后决定去村里看看孩子们。去到孩子们家，家长很热情地邀请老师们到家里过年，他们做粑粑，吃牛瘪，喝土酒，很是热闹。

这种看似恬淡的生活背后其实也有生活的贫困。村民对生活要求很简单，住房基本都是两层的木屋。以前人畜混居，一楼养牛，二楼住人。现在人畜分开，家畜都单独饲养。一楼成为家庭活动的场所，在房屋中间挖一个火坑，烧柴做饭都在这里，一家人围着火吃饭，冬天也这样取暖，家里长期被烟熏得黑漆漆的。由于居住在山顶，经常缺水，卫生条件和卫生习惯差，个人卫生更是不讲究，不洗澡，不洗衣服。小孩子长虱子，衣服长时间不换洗，头发乱成团。不管大人孩子，常年穿拖鞋，也喜欢打赤脚。家里基本没有什么家具，矮桌矮凳，没有书柜和书桌，更谈不上家里有书。

2019 年之前，村里的学校只有一二年级的教学点。这个教学点由于缺少师资，教师又极不稳定，学校的教学质量一直是村小的倒数第一。大歹村的孩子们如果要读完小学，就要走出大山到县城的学校或者到其他村的学校，辗转几所学校才能读完九年义务教育。离家远，上学难。村民接受教育程度低，很多大人也就读过一两年书。直到 2019 年，大歹村才出了第一个大学生，就读于贵州财经大学。

这样的生活环境让大歹村与其他村比起来显得封闭和落后，临近的上歹村和老或村就比大歹村的情况好很多。在脱贫攻坚中，国家对从江县特别重视，大歹村的情况也受到了关注。2018 年开始，贵州省公路局对口帮扶大歹村，帮助大歹村修公路，把公路修到家门口。改善村民居住条件，帮助其修建房屋，解决防风漏雨问题。给村民修灶台、修厕所，引进自来水等改善生活条件。帮助联系外出务工、发展当地经济，想了很多办法，做了很多实事。在帮扶单位的努力下，在县委、县政府支持下，大歹村发展了旅游业，2020年5月，大歹村修通了旅游公路，大歹村村容村貌得到了很大的改善，修建了乡村旅游驿站、禾仓酒店，有十个以苗族村寨储存粮食用的禾仓样式的特色房间，一度成为网红酒店，大歹村景区被评为国家AAA级风景区，可以说，在脱贫攻坚政策支持下，大歹村发生了翻天覆地的变化。

澳门特区政府对口帮扶从江县。澳门基金会投入3000万元，将大歹村一座两层只有一二年级的教学点易址改扩建为标准化的完全小学，解决了大歹村"上学远、上学难"的问题，夯实了大歹的办学基础。2019年9月，新建的大歹小学投入使用，分别有教学楼、学生宿舍、教师周转房、学生食堂、篮球场、足球场等设备设施，办学条件大大改善，大歹村和上歹村的孩子们得以在家门口完成小学教育。省教育厅抽调人员成立从江教育专班住在从江县，专门负责帮助从江教育提升。

得到上级领导的支持

大歹小学的办学条件虽然得到了基本的解决，但还是有很多空白，比如校园文化，学校操场、篮球场等基础设施虽已建成，但使用率不高，而学生宿舍和教师宿舍的设施更是相当简陋，只有一张床，没有其他家具物品。这样的办学条件怎么能让学校得到发展？怎么能让学生喜欢？怎么能让老师安心从教呢？

大歹小学的情况出乎大家的意料。大家反复商量，多次碰撞，最终认为必须要改变原有的计划，从现实的需要入手，多管齐下，从孩子入手、从教学开始、从文化改变，尽快打开工作局面。于是，大家集体行动，开始摸清大歹小学的底数情况。大家逐一走进教室，看教室看学生，去学生宿舍看学生住宿和生活条件，了解教师工作和生活环境，看食堂工作等。我们走访老师，了解具体问题、困难，和学校班子座谈交换工作意见，全面了解学校办学情况和存在的困难。

经过了解，帮扶团队把这些问题进行了整理，商讨了解决方案。我们把困难情况形成书面材料向上级报告，请求组织支持。在入校一周之后，我就向南明区教育局书面汇报了大歹小学的情况，提交《关于帮扶改善大歹小学办学条件的报告》，报告中向组织提出了"给学生建集体浴室和洗衣房、晒衣房，学校修建蓄水池、购买净化设备、饮水机 54 台，在学生宿舍内每间房增设储物柜，教师周转房增加挂式空调 17 台、电视机 17 台、书桌 40 个、沙发 17 个、热水器 17 个、窗帘 34 个、衣柜 34 个、饮水机 17 个，增加食堂用消毒柜 2 个，增设乒乓球台 6 个"等约价值 70 万元的物资设备申请。这个报告得到南明区教育局邓文乾局长的重视和支持，他积极协调爱心企业捐助。在领导们的帮助下，这些问题都得到了圆满解决。学校办学条件改善了，老师们工作热情也得到了激发。后来，邓文乾局长又帮助捐赠了学生的校服、棉毛衣裤、袜子、运动鞋等，每个学生都有崭新的衣服。邓局长专门协调北京的小学为大歹小学捐赠图书一万多册，为大歹小学的发展奠定了基础。当时还是贵阳市教育局局长的周进局长了解情况后也积极支持，出面协调爱心企业捐建了学生浴室和洗衣房、晒衣房，为学生良好行为习惯的养成提供了保障。省教育厅领导也高度关注，领导们多次到学校调研。省教育厅朱新武书记、赵廷昌副书记、鞠洪副厅长、徐国华副厅长等厅领导都到大歹小学调研指导，省教育厅又协调江苏第二师范学院为大歹小学捐建了价值百万元的 STMAE 科创教室，让大山里的学校拥有了贵州省最先进的教室。省教育厅从江教育专班的同志们也多次到学校直接指导，省教育厅教育质量监测中心对大歹小学的教育质量进行监测，对学校工作提出针对性建议。我也在南明小学积极发动，南明小学的师生、家长也积极捐款捐物，帮扶团队成员积极发动身边的爱心人士纷纷为大歹小学提供各种帮助，不管是教学设备还是生活用品，都得到了支持，帮扶效果一下子就得到呈现。领导的支持力量，让帮扶团队很感动，也树立了我们一定要把帮扶工作做好的信心和决心。

老师亲手建设校园文化

校园文化是一所学校的灵魂。刚修建的大歹小学最初没有校园文化设计，为了开学，学校领导也按照基本的要求增添了一点班牌和班级布置，但整个校园的墙壁都是空白的。学校没有现成的文化可以传承，也没有一训三风。整个学校显得清冷，没有生机。按照"一年大见成效"的目标，校园文化必须要尽快完善。学校文化应该怎么设计？大家又开始集思广益，根据学校实际情况，看到国家、社会、老师对学校、学生这么关爱，这么多的爱汇聚起来，这里真是一个充满爱的地方，这些爱必定要生成爱的产出，这里的孩子们也应该在接受爱的同时感受爱、学会爱、奉献爱，所以我们最终确定了"以爱育爱"的校训。后来，我们又考虑不能让孩子们只接受别人的爱，更多的还是要产生内生的动力，懂得奋斗的道理，所以又加上"自强不息"。于是"以爱育爱　自强不息"就成为了学校的校训。

这样的校园文化怎么展现出来呢？根据学校的基本文化建设，该有的内容必须有。通过老师们课堂教学观察，发现孩子们对外界很多信息都不知道，于是我们就把学校教学楼的大厅设计成文化阵地，把中国版图、贵州版图展示出来，把学校文化展示出来。而后，省教育厅领导到大歹小学调研，对学校的校园文化赞不绝口。后来，我们又不断丰富校园文化，完善了学校的廊道文化、教室文化、宿舍文化、校园绿化。老师们又领着孩子们学习，带着孩子们了解学校的文化，把文化和教育教学活动结合起来，告诉他们要"以爱育爱 自强不息"。可以说，这所学校就是老师们亲手建设出来的学校文化，老师们的凝聚力更强了，目标更清晰了。

"童眼看世界"游学活动

带孩子们走出大山看外面的世界。大歹孩子的眼睛里没有外面的世界，没有出过山，没到过县城，没见过游乐场，没见过各种动物，对课文中的很多东西没有基本的认知。这些也让我们很感慨。城里的孩子见多识广，就是没去过，电视上也看到过，很多孩子还没读书就能认很多字了。可是大歹的孩子们就是不知道。在上课的时候可想而知有多困难，课文基本不通，就是会认字也不知道说的是什么，数学题根本读不懂题意。有一次，我去上一节二年级的数学课，发现孩子们根本读不懂题目的意思，题目里的软抄本、画册也不知道是什么，更不用说解答问题了。带领孩子们阅读认知、看外面的世界，又成了大家的一个重要目标。大家策划带着孩子们到贵阳，让他们看看城市的变化，激发他们树立梦想。这一想法得到南明小学家长们的支持，热心的家长愿意接纳这些山里娃到家里去体验生活。帮扶团队开始计划开展第一次游学活动，取名为"童心向未来，童眼看世界"。老师们一个个收齐孩子的户口簿，给学生们购买高铁票，计划在学期结束的第二天出发。为了孩子们的游学，老师们真的像父母一样，想得特别周到。所有孩子从头到脚都是新的，新衣服、新鞋子、新袜子、新毛巾、新书包，包括纸巾也都准备得整整齐齐。当天一大早，天还没有亮，我们就把孩子们喊起来，洗澡、洗头，里里外外换上新衣服，打扮得干干净净。男老师们开车把孩子送到高铁站，王玉、陈晓丹她们几个陪着孩子们坐高铁到贵阳。这些孩子们从来没坐过高铁，没见过火车，很兴奋很好奇，他们在车上一遍一遍地接水，上厕所。来到贵阳，孩子们第一次看到那么高的楼，感到很好奇，问老师这么高的楼怎么修。从来没有乘过扶梯，一遍一遍坐电梯上来下去，下去上来。听说要去看大熊猫、老虎，再累也不休息。一下车，老师们就带着孩子们去了黔灵山公园、动物园，看到了老虎、熊猫、猴子等书上才有的动物，孩子们兴奋得不得了。下午孩子们到了南明小学，和南明小学的孩子们一对一结对子，每个南明小学的学生家庭认领一个小朋友回家住，让孩子们体验城市家庭生活。南明小学的爱心家长们精心设计接待方案，带孩子们吃美食、游场馆、逛公园，尽量给孩子们更多的体验，还有很多家长给孩子们准备了礼物。第二天，南明小学的老师们又带着孩子们参观科技馆、体验地铁、品尝美食，让孩子们眼里有了城市的样子。这一次的游学，可以说是打开了孩子们的眼界，给孩子们心里种下了一颗走出大山的种子。

2020 年 6 月，省纪委帮扶大歹专班的周邦杰、王仁高、林思宇三位同志来到大歹驻点，就住在大歹小学。他们的帮扶力度很大，让大歹小学的变化也越来越大。不仅帮助解决了学校办学条件，也帮助解决了大歹小学的孩子们生活上的实际问题，校服、早餐等都得到改善，孩子们可以每天喝上牛奶、吃一个鸡蛋，加强营养。暑假期间，大家一起策划了第二次游学。第二次的游学在省纪委专班的协调下得到爱心企业的捐助，得到贵州大学的支持。学校选了高年级的 22 名学生，其中有 12 名女孩。这一次，孩子们第一次看到大学的样子，孩子们参观了贵州大学图书馆，得到了贵州大学领导的热情接待，还给他们赠送了礼物。"好好学习，将来读大学"的目标在孩子们心里有了一定的概念。老师们带着孩子们去了海底世界，让孩子们惊叹不已。这样的游学激发了孩子们的学习欲望，给孩子们的影响也是很大的。有一天，有个二年级的小姑娘主动问我记不记得她，我不好说不记得，就说记得。

她问我："老师，你记不记得我的梦想？"

我说："你的梦想是什么？"

她说："我的梦想是去贵阳。"

我说："你去贵阳干什么？"

她说："我要去看海豚。"

我问她怎么知道有海豚，她说是去贵阳的姐姐和她说的。她问我什么时候她才能去贵阳。我说等她长大一点儿，好好学习，好好锻炼，就可以去贵阳。看来，游学对于孩子们来说，就是个了不起的梦想。

第三次游学是王玉协调的。她带领大歹小学合唱社团的孩子们到贵阳游学，这次游学作为音乐之旅开启了大歹小学素质教育的梦想，孩子们在专业录音棚录制了苗族歌曲《蝴蝶妈妈》，并且得到歌曲创作者张超老师的亲自指导。孩子们走进贵州广播电台《遇见》栏目做客，第一次大声说出自己的梦想。他们有的要当老师，有的要当警察，有的要当医生，有的要当董事长……尽管孩子们也许并不知道梦想如何才能实现，但是可以看出，孩子们心里的世界越来越丰富多彩。也就是这一次游学，让我们看到教育可以为孩子打开一扇窗。之后，学校又组织了一次体育之旅，和南明小学的学生们举行了一场篮球友谊赛，参观了贵阳奥体中心、体育中学、鹰极安全科普研学基地，体验了攀岩运动。我们想通过艺术、体育，为孩子们找到成功的路。这样的游学活动效果明显，得到上级的重视，省教育厅领导在汇报会上明确表示："要让大歹的孩子在小学毕业之前都有机会走出大山。"走出大山游学，也就成为大歹小学一项重要的学习活动。

学习上的困难才是真的困难

起初，老师们把教育重点放在孩子行为习惯、生活习惯的培养上，确实起到了明显的效果。当老师们走进课堂才发现学习上的困难。

虽然孩子们上课时都能乖乖地坐着，看上去听得很认真，但是极少有学生能回应老师的问题。即便回答也是集体回答简单的"是"，如果你再问："是这样吗？"得到的回答就是齐声说"不是"。如果你让学生单独回答问题，学生站起来根本不说话。有的老师甚至痛苦地说上课就像是演了一场自编自演的独角戏。后来我们才发现，低年级的孩子基本听不懂普通话，对苗语也是一知半解。再加上识字量极少，所以对于知识理解相当困难，而高年级学生的情况也不是很乐观，他们的识字量同样少得可怜，基本上读不通题目或者课文，更说不了一句完整的普通话。学生完全没有写作业的习惯，从来不带书本回家学习。写字就更加不会，你会发现他们根本没有笔顺、笔画规则，很多字都是硬描出来的。

看到这些情况，帮扶的老师们都很着急，召开教师座谈会一起想办法。没有哪个老师愿意看到自己的劳动没有成果。大家集思广益，认为要通过以赛促学，鼓励孩子们的学习积极性，帮助学生们树立学习自信。于是，大家决定开展"朗读比赛""写字比赛""唱歌比赛""口算比赛"等，希望把学生们的注意力转移到学习上来。意见达成以后，老师们就拟定竞赛方案和标准。结果发现，就算是非常简单的口算也有很多学生不会，很少能口算满分的。不识字，不会算，不会写，这样的学习基础，让老师非常失落，一筹莫展。

但是老师们没有放弃，还是积极想办法。通过教研，大家把教学目标定位在基础知识和基本技能的掌握上，尽量扩大学生的识字量，让学生能开口读书。老师们调整了教学计划，各年级都从最基础的开始教起。学校为老师们买了生字卡片、小黑板、黑板贴等方便老师们教学使用。为了提高计算能力，老师们每天给孩子们出口算题。为了提高学生们的语言能力和普通话水平，学校教育孩子们在学校要使用普通话，还在《新闻联播》时间段组织学生观看新闻联播。帮扶团队老师们为孩子们准备了糖果，对认真观看新闻的给予奖励，孩子们看得很认真。老师们为了提高孩子们的表达能力，让孩子们观看新闻以后写一则新闻，结果由于识字量问题，最终让孩子们由写改成了说。虽然一开始没有人敢说，即使说也只能说简单的单词，但老师们耐心地一句一句地教，终于，在老师们的慢慢引导下，每天能说新闻的孩子越来越多，说的内容也越来越丰富。

为了鼓励孩子们阅读，学校大量挖掘图书资源，并把这些图书分别放在走廊、教室的图书角和学校的图书室，随时随地为孩子们的阅读提供方便。慢慢地，孩子们爱上了读书，每天都会有孩子围在书架旁边。学校晚上还会把住校的孩子集中到报告厅，在老师的带领下集中阅读课外书。当然，老师也会鼓励孩子们把书带回家去看，渐渐地，越来越多的孩子们会选择把书带回家。

为了帮助学生们提升学习成绩，老师们精准分析学生

们的学习情况并进行分层教学。对于学习基础比较好一点
的高年级学生集中起来进行辅导，取名"雏鹰社团"，希
望他们像大歹展翅飞翔的雏鹰，能通过努力读书走出大山。
这个雏鹰社团由王玉校长专门负责，还专门搭配了指导老
师。王玉每天亲自给他们设计辅导方案，设计作业，进班
辅导，陪着他们一起学习。王玉怕孩子们挨饿，还自费给
孩子们买了零食。在王玉的带动下，孩子们的学习劲头很
足，孩子们的心也渐渐静了下来，学习成绩也逐渐有了一
点进步，有了学习的样子。雏鹰社团引起了其他孩子的关
注，有的孩子把能上雏鹰社团作为一个目标。后来，雏鹰
社团的第一批毕业生，全部升到了从江二中就读初中。从
江二中的柳校长说这一批孩子学习很稳定，他们有的还当
了班干部，学习进步很大，这和老师们的努力是分不开的。

教师在互助中成长

学校办学靠老师。没有好老师，就没有好学校，就没
有好学生。打造一支业务能力强、肯吃苦愿奉献的大歹小
学教师团队，是帮扶工作的重要目标。打造团队既需要集
体作战，也需要个体培养。我们组织了南明小学的老师到
大歹小学开展教研活动，和老师们一起研究课堂教学，旨
在提高老师课堂教学能力和水平。南明小学帮扶团队的老

师们亲自上示范课，手把手传授教学经验，帮助分析课程标准和教材教法，和大歹小学的老师们结对子，为大歹小学的老师们购买教学专业书籍，指导老师们上课、听课、评课，一次次的教研活动让老师们的教学效果越来越好。在帮扶的两年里，南明小学的老师们除了驻点老师在大歹小学引领，其他老师们也多次到大歹小学开展顶岗换岗。大歹小学所有老师都到过南明小学跟岗学习。在南明小学的帮助下，大歹小学的老师们进步很大，比如英语老师潘泽良参加从江县优质课竞赛时，南明小学英语学科教师团队倾力帮助，为其设计教案、试教修改、制作课件、请教专家、一次次听课评课，潘泽良老师因此获得了从江县一等奖，还代表从江县参加黔东南州优质课竞赛，最终取得黔东南州一等奖的好成绩。潘泽良老师作为一名乡村小学的老师还参加了2021年全省的优质课竞赛，大歹小学的老师们很受鼓舞。后来，大歹小学的语文、数学、信息技术、体育等老师都参加了从江县优质课竞赛，均取得了比较好的成绩。在南明小学老师的帮助下，大歹小学的老师们专业上进步很大，老师们的教学观念、教学基本功、教学水平有了很大的提升。

大歹小学成立了学科教研组，制定了教研制度。以往教研活动不知道怎么开展，但现在校内的听评课、教材分析、集体备课等都经常开展。帮扶团队不仅把南明小学的老师作为支持力量，也常常把贵阳市、南明区等教研部门的小学学科教研员请到学校指导教学，专家引领让老师们成长得更快。帮扶团队把城乡两个学校紧密联系在一起。因为有了引领，大歹小学的老师们在教研时有了依托。大歹小学的老师们都很淳朴本分，这和南明小学的老师一样。一开始让大歹小学的老师们上一节公开课，老师们从不拒绝，但是也很少有集体研究的意识和过程，一般都是自己设计，上得怎么样要等评课的时候再说。帮扶团队去了之后，要上公开课，必须有团队一起设计，一起研究，一定要有有经验的老师悉心指导。这样改变的不仅是一节课，而是一节凝结集体智慧的课。大家在这个过程中一起进步和成长。一节课必须要经历试教、反思、修改，才能进行展示。在这个过程中，老师的课堂质量越来越好。在帮扶团队的指导下，评课也有了标准，要根据教学目标的制定与达成、教学过程与方法、教学效果与反思、学生学习收获等方面进行梳理评价。经过这样的指导，老师们教学越来越有自信。

我们把教师专业提升放在重要的位置，把大歹小学教师和南明小学教师一起培养，线上线下一起进行。线下两个学校教师结对，线上把南明小学教师参与的学习活动也让大歹小学一起参与学习。南明小学是"中国好老师"州级基地学校，有"中国好老师"学习平台，大歹小学的老师们也参与进来；南明小学在网上购买的线上学习，也给大歹小学的老师们一起购买，一起考核；南明小学特别向南明区教育局申请大歹小学的老师参加南明区教师技能大赛，让这些乡村教师有更多的发展机会和平台。大歹小学的老师们在专业上有什么需求、困难都会和南明小学的老师们商量研讨，南明小学的老师们也热心为他们出谋划策，一起研究，这种状态为大歹小学的教育发展奠定了基础，解决了教研活动不好组织开展的困难。

让家长参与学校活动

学校的发展离不开内生动力，也离不开外力的推动。大歹小学的发展不仅要靠学校和老师的努力，还要借助来自上级各部门的助力。有几次对于学校来讲的大活动，让大歹小学的发展节奏明显加快，也让帮扶成果更加突出。

首先说在大歹小学举行的"文明新风进农村，小手牵大手"这次活动。这次活动是在 2020 年 1 月 10 日，也就是大歹小学办学第一个学期的最后一天举行的，第二天学校就要放寒假了。可以说这次活动的意义很重要，因为这是学校办学以来第一次邀请家长进校园。经过一段时间的学习，学生在校情况基本得到稳定，学校建设基本完成，学校步入正常轨道。但是，家长对教育的支持力度还不够稳定。省教育厅领导考虑到家庭教育对教育的影响，让家长了解学校教育，防止学生放假后随家长外出打工后造成辍学，建议在放假前举行一次家校活动，活动主题为"文明新风进农村，小手牵大手"。之所以用这个主题，是因为在帮扶中我们发现，学生的很多问题都是家庭教育缺失造成的，孩子们在学校养成的好的生活习惯要影响家庭。很多家长因为没有上过学，对学校生活不熟悉、不了解。学校为了举办这次活动，老师们集体设计互动内容，组织学生排练，加班加点清洁校园，一边上课一边做好准备。最让学校担心的不是学生的活动，是家长会不会来学校参加活动。学校开学这么久，很多家长从学校门口过，但从来没有来过学校，学校什么样根本不知道。学校在策划活动时就了解到之前村里幼儿园通知开家长会，到了开会的时间，全村只有一个家长到会。这个情况让大家很担忧，万一活动当天家长不来怎么办？为了让家长如期参加活动，学校想了很多办法。向村委会报告，请村委会在村里给家长做宣传工作；学校到村里找村支书联系，邀请村里的芦笙队参加学校的表演；要求学生一定要邀请爸爸妈妈来学校。我把这个情况也向上级做了汇报，省教育厅联系的壹基金捐赠活动也确定在那一天。

中午，学校在校门口安排了学生礼仪队员，穿着节日盛装，戴着红领巾，在老师的带领下迎接家长进校。令人欣喜的是，大部分家长都来到了学校，操场上站满了人。村里芦笙队很给力，以最隆重的迎客礼仪欢迎各位来宾。孩子们换上壹基金捐赠的冬衣，打扮一新，因为有家长来看表演，孩子们表现得格外好，活动举办得非常成功。家长兴致勃勃地观看了学生的表演，纷纷找到自己的孩子，看到孩子们在学校学了不少东西，个个都是喜笑颜开。家长看完表演，又回到各班教室由老师给家长开了简单的家长会。这次活动，让家长第一次真正走进校园了解孩子的学习生活，让教育和家长有了联系。

再说第二次活动——新米节。新米节是苗族和侗族同胞非常隆重的节日，新米节不是一天，每个村寨的时间也不一样，一般都会在端午节前后。当时省纪委专班的同志们也很注重这个节日的教育意义，就协调了县委宣传部和丙妹镇党委镇政府，决定在大歹村举办新米节庆祝活动，学校老师组织学生到村里参与节目表演。这次活动更重要的活动内容之一就是推动学校教育，之前制定了大歹村评选"爱读书之家""爱卫生之家"的标准在村里宣传，新米节庆祝活动时要公布"爱读书之家""爱卫生之家"，并由村委会挂牌奖励。这次活动，又一次把家庭教育和学校教育结合起来。之后，这样的评选每年都组织。现在大歹村的"爱读书之家"挂牌的也越来越多。

2021 年是中国共产党成立一百周年，5 月，学校为了让革命教育浸润学生心灵，计划组织学生开展一次"重走长征路"的体验活动，因此考察了学校周边的地理环境特点，设计了模拟走长征路的活动方案，大家觉得这很有意义，应该让家长也了解。于是，学校就主动联系了村里的党员，邀请他们一起参加学校的活动。当时正值农忙时节，但很多家长都来了，他们和老师一起参与组织活动，在小河边认认真真充当桥墩，用肩膀拉起绳索，让孩子们一个一个攀绳过河，体验红军革命的艰险。他们的参与，让我看到教育的作用，看到父母的期望。

后来的很多次活动，我发现家长越来越关注学校和学生，只要有活动一些家长就会到学校帮助孩子穿戴民族服装、化妆打扮，还给孩子们拍照摄像等，这说明家长对教育越来越支持。

大歹小学教育取得的进步

在南明小学的帮助下，大歹小学教育教学设施设备逐步配置齐全，师生校园面貌焕然一新，办学质量得到快速提高，被称为"贵州最美村小"。大歹村失学辍学问题得到解决，13个教学班的510名小学生在这里学习和生活。2020年，大歹小学荣获"全国乡村温馨校园典型案例学校"称号，被评为从江县先进集体。2021年，大歹小学被省教育厅确定为贵州省民族地区基础教育质量提升行动计划（2021—2025年）项目学校，作为贵州省乡村振兴优质特色学校建设的学校之一。

2021年9月，由贵州省教育厅筹资在大歹村建设的最美新村幼儿园投入使用，取名"蝴蝶幼儿园"，南明区教育局指派南明区优质幼儿园——北海幼儿园贵阳分园进行帮扶。

南明小学组团式驻点帮扶大歹小学的事例成为教育帮扶的典范。南明小学在组团式驻点帮扶工作中凝心聚力，坚守初心，勇于担当，积极发挥城区学校的资源优势，为乡村教育振兴作出贡献。2021年7月，南明小学荣获贵州省脱贫攻坚先进集体称号。

小学阶段学校教育中关于学生核心素养培养的六个关注

　　2016 年 9 月 13 日是个特殊的日子，中国学生发展核心素养研究成果发布会在北京师范大学举行，《中国学生发展核心素养》正式发布。一时间，"核心素养"成为大家热议的词汇。核心素养的核心是培养全面发展的人，是具有人文基础、自主发展、社会参与素养的人。作为一线教育工作者的我尽管努力学习关于核心素养的有关理论，将学校的行动向核心素养努力靠近，但在行动上还是显得比较迷茫，哪怕到处都有以核心素养为背景或视野而开展的各种各样的研究，也不能给出满意的答案。

　　有文化基础、自主发展、社会参与素养的全面发展与以往的德、智、体、美全面发展之间的关系应该是怎样的呢？学校教育会做出哪些回应以适应社会发展的需要呢？对核心素养的理解是否准确关系到学生素养的培养成果，让核心素养培养与学校教育教学真正融合显得尤为重要。作为一名校长，我认为学校应该重点关注以下几个方面。

关注学校的培养目标与核心素养的有机结合

我国中小学生核心素养的核心是全面发展的人。这不仅是学校教育的培养目标，也是我们国家和整个社会的培养目标，如何培养也应该是全方位的整体推进。学校教育是主渠道。作为学校需要认真梳理学校的办学理念，围绕核心素养的培养进行改进和改良，努力发挥学校教育的育人功能，以自身学校文化建设为基础对学校核心素养做自己的解读。例如，我校以阳光作为学校的校园文化引领，积极创设阳光校园，提出"阳光暖童心"的教育理念，认为阳光来自学校、家庭、社会，阳光来自学校的课程和课堂活动，阳光孩子、家长、教师、同伴等。在阳光教育引领下学校把基于全面发展的阳光少年培养作为学校的培养目标，引导学生成为爱学习、有能力、会参与的阳光少年。

关注学校的课程设置与核心素养培养的有机结合

课程的设计实施是核心素养培养的重要渠道，课程的设置直接关系到学生的培养，什么样的课程会带给学生什么样的学习载体。核心素养对国家课程需要做出校本化的改进，需要创设适合学生个性发展的校本课程。尽管我们认为学校在校本课程开发中不具备严谨的科学系统性，存在种种不足与问题，但是各校仍然做出了很多的探索和努力。我校在学校课程设置上以"阳光课程"为主导，对国家课程、地方课程、校本课程进行统筹，开齐、开足、开好国家课程，加强对体育、艺术、实践课程的整合。学校将体育艺术课程作为重点，上好体育艺术课，开展好体育艺术活动，加强体育锻炼和艺术修养，努力培养学生的体育精神和锻炼能力，将体育锻炼延伸到家庭；认真落实艺术学科的学习，结合音乐、美术学习特点，将美术、音乐课进行科学安排，尽量保证学生学习时间比较充足；在德育课程设置上关注习惯养成，一是围绕"学生行为习惯养成"开发了校本教材《新生入学手册》《6—9岁行为手册》《10—12岁行为手册》，二是围绕学生的实践能力开发1—6年级《主题活动手册》，三是依托"阳光社团"充分挖掘校内外教育资源开展特色活动，为学生创设丰富多元的学习平台。通过课程建设，让学生的全面发展落地。

关注学校的课堂文化建设与核心素养培养的有机结合

学习方式的变革是核心素养培养的重要内容，关系到学生思维品质和各种能力的形成。在课堂教学管理上，我校提出"阳光课堂"的建设，倡导"学、导、动、评"的课堂理念，通过开展"课前预学—课中引导—课后延伸"

环节指导学生进行课前自主学习、课中带着问题学习、课后反思提升等，让学生的学习更具有主动性、实践性、创新性。同时学校开展主题文化学习，例如开展数学文化学习活动、思维可视化学习活动、项目学习实践活动等，让学生的学习由传统的课堂讲授学习逐渐转变为自主式、参与式、实践式的学习。学习方式的转变让学生自主学习发展和参与意识与能力得到了提高。

关注学校的校本研修与核心素养培养的有机结合

核心素养的提出要求教师从学科教学转变到学科教育上来，重视各学科特有的育人特点和育人价值，小学阶段分科教学导致不同学科教学方法和不同学科教师之间的联系和整合不够，学生素养的培养就会显得分散，再加上学校师资队伍专业发展的整体水平也会让核心素养的培养受到很大的影响。因此，学校应在教师队伍建设上整体提高教师专业素养，让广大教师理解核心素养，成为核心素养培养的主力，努力提高课堂教学理念，才能让学校教育落地。教师不变，课堂就不会变。我校提出了"阳光教师"的培养目标，通过名师团队引领学校教师专业发展，学校按照教师发展规划，打造了一批名师，形成了名师团队，并按照"打造一个名师，带动一个学科，引领一个团队，形成一批成果"的思路，在师资队伍培养中关注教师专业素质培养，通过开展校本研修提升教师专业素养，加强学生发展核心素养的理论学习和学科素养的研究，通过日常教育教学活动把学生核心素养培养与研究结合起来。

为加强日常课堂教学中核心素养的培养质量，我校通过年级听课、推门课、日常查堂等对教师日常教学进行指导和评估，指导和鼓励教师提高教学能力；通过跟踪教学方式促进教师注重日常教学行为和规范；组织教师认真研读课标和教材；进行有效"作业设计"研究，语文数学组教师们通过研究编撰了1—6年级作业册《课堂时间》和《阅读空间》，《课堂时间》作为课内学习的基础，《阅读空间》则进行拓展型作业设计；学校定期组织教学质量监控活动，对教学中发现的问题进行集体反思分析和诊断，共同寻求解决的方案和办法，集思广益，资源共享；在教学管理上形成以骨干教师为核心的教师团队，将学生核心素养培养落实在课堂教学中。

重视教育科研课题对学生核心素养的促进作用，我校多年来积极开展多个课题实践研究，从《构建校本教研模式促进教师专业发展的实践研究》《构建"七巧课堂"促进学生综合素质发展》到现在的《提升学生学习力研究》，研究视角逐渐从教师转变到学生。十几年来从未间断的课题探索，让教师的研究意识、能力和水平得到不断提高和改进，一大批青年教师成长起来，成为学校教学核心力量，各级骨干教师、创新教育人才、教学名师脱颖而出，成为教师的榜样。

关注学校的学生管理与核心素养培养的有机结合

在学校管理中应注重营造阳光和谐的氛围，学校的民主、和谐管理理念会为学生的发展提供良好的环境，积极引导孩子从接受管理到实践自主管理。在学生管理上，要加强学生日常行为规范的教育，重视学生自主管理意识和能力的培养，引导学生成为学校的小主人。在班级建设中要关注学生民主意识和参与意识的培养，让学生通过民主选举的方式参加班队公开竞选，做班级建设的小主人。学校班级的环境布置、重要活动等都应有学生积极参与，引导学生参与学校生活管理。我校共有由学生自主成立的学校服务管理"公司"八家，主要有"校园礼仪公司""两操监测公司""花草养护公司""卫生监督公司""图书管理公司""失物招领公司""校报策划公司"等，这些"公司"负责人都由学生通过公开竞选产生，职员由负责人负责招聘，每周向学校汇报工作开展的情况。通过这样的体验，让学生参与到学校工作中，增强了其服务意识、责任意识、创新意识、集体意识、主动意识、参与意识，也受到了他们的欢迎。

关注家庭教育指导与核心素养培养的有机结合

在培养人的过程中，学校教育不论是从品德、习惯，还是学习等各方面都是按照正面教育引导为主，家庭实施个性化教育居多，而社会对儿童的教育责任显得比较薄弱。儿童在学校得到的教育引导在家庭和社会环境中如果得不到映射，就会导致学生把道德养成作为知识学习。因此，家庭教育指导是学校教育中的重要工作。基于这样的认识，我校提出"家校共育助成长"的理念，成立家长学校，建立家长委员会，评选阳光家长，开展家庭教育课题研究，通过组织专家讲座、家长的自主学习、教师角色体验、学生角色体验、家长伙伴互助、网络交流、亲子活动参与等多种形式提高家长家庭教育的能力和水平，通过各种形式的家校沟通，将基于学生全面发展的核心素养的理论传递给家长，让家庭教育与核心素养的培养紧密结合，形成"家校合力"的教育氛围，更好地帮助学生全面发展，更大地发挥学校在教育中的重要作用。

关于核心素养和学校教育的紧密关系，不仅仅是认识上的提高，更是行动上的落实。尽管我们对核心素养培养还缺乏更系统的或者更科学的方式，但作为一线教育者会以强烈的社会责任感和炙热的爱国情怀进行不断的探索和努力。

深入开展好校本教研
扎实推动《读本》教学

教研活动是教师探讨教学问题的重要渠道，也是老师进行教学问题交流的重要方式之一。多年来，南明小学注重校本教研活动，促进教师专业发展，并逐渐形成"以问题为引领，以课例为载体，以研修培训为基础，以实践反思为过程"的教研特色。

思政课是落实立德树人根本任务的关键课程。2021年秋季学期，《习近平中国特色社会主义思想学生读本》（以下简称《读本》）在中小学全面使用。2021年9月，南明小学选配专职教师担任《读本》教学的老师，思政学科教研组多次组织教研活动，有效推动《读本》教学在学校高质量开展。

以问题为引领，让教学和教研更加接地气。开学没多久，担任三年级《读本》教学的朱晓琳老师，就给学科组长提出教研请求："这是全新的教材，在上课过程中，一些知识点总是讲不透，不会讲，孩子们似乎听不懂。有时候在课堂上学生们一开始还感兴趣的，上到后边我就感觉他们听课质量下降，兴趣不高。我想请大家一起帮我出出主意！"学科组组长张玲对包括朱晓琳老师在内的老师提出的问题进行收集整理后汇集成三个问题：学生的学习兴趣不高怎么办？对于较难理解的知识点怎么教？缺少教学资源怎样解决？她把问题通过微信群进行发布，让大家做好教研活动准备。

教研活动明确了教师要在读懂教材上下功夫。在教研活动中，陈珩老师说："要想读懂《读本》这本新教材，首先要把握好教学的知识体系走向。为此开学前，学校要求教师要对《读本》进行分析和解读，并制作好知识图谱，这是研读《读本》的好方法。"知识图谱就是让教师在解读教材时把《读本》中蕴含的知识进行整体把握，绘制成图，以便在制定教学目标时准确、清晰，在教学中形成条理清晰的思路。高小琴老师说："《读本》中列举了不少例子，需要教师不断挖掘和取舍，进行适当的拓展补充，让教学内容更贴近学生生活实际。有的教材虽然只有几幅图画，但是分类很明确，这就等于是告诉了我们要及时补充相关甚至是更多的一些知识。同时，因为《读本》在表述上有一定的严肃性，我们在使用时还需要把它适当地儿童化！"吴丽丽老师提醒大家，不仅要关注知识和图谱，更要回到

《读本》的育人功能上来，要思考这些知识背后的育人目标是什么，编者的意图是什么，她建议以"精神图谱"的形式呈现出来。这样的话，教学目标会更清晰……学科组的老师们，在教研活动中针对问题纷纷给出了自己的工作建议。

教研活动笃定了教师要在课程育人功能上多思考。《读本》有着很强的思想性和特殊教育价值，正确认识课程的教育价值是教学的重要保障。通过教研活动，教师明白了要通过对《读本》的运用和诠释，达到让孩子从小就厚植爱党爱国爱社会主义的思想情怀，树立共产主义远大理想和中国特色社会主义共同理想的目的。为此，老师要以学生身边的小事为授课的"起点"，用好例子，讲好故事来启迪学生自发深入的思考。在教学活动中，薛婷文老师以"我眼里的美丽中国"板块为例开展教学。她说，这个板块教学目标的设计，是让学生了解并感知祖国辽阔对生产生活的影响，感受祖国山河的美丽，确立建设和守护美丽家园的思想意识。除让学生感受祖国的壮丽河山、物产富饶之外，还要让学生明白我们的祖国之所以富强美丽，是因为勤劳而勇敢的中华儿女世世代代建设和守护着我们的伟大祖国。因此，在教学过程中，她还将教学活动延伸到对我国先进人物事迹的补充学习上来，让学生感受他们忘我奉献、艰苦创业的高尚品质和爱国主义情怀，从而在先进人物事迹感召下，逐渐树立起为祖国富强而努力奋斗的志向。

教研活动坚定了教师在课堂教学上必须有管用的教学方法。课堂教学是学生学习的主渠道，教师要通过课堂教学活动实现对学生的教育发展目标。教师要十分明晰思政课的学习方法和教学规律，坚持"理论性和实践性相统一、灌输性和启发性相统一、主导性和主体性相统一"，努力提升课堂教学的实效性。吴丽丽老师在分享她的教学经验时这样说："在课前，要提前安排孩子做好访问、调查等，这样的话，学生在课堂上有话可说、有事可做。在课后，要做好学习的跟进，做好学习活动反馈、督促检查、激励评价等，从而让课堂教学成效真正促进孩子的进步和成长！"高小琴老师从孩子的视角开展教学，她遵照孩子的认知规律，多方面多渠道激发孩子们对《读本》的兴趣。她还尝试用一些孩子喜欢的游戏和评价方法，给予孩子鼓励，既利用学校的"小课堂"，又利用社会的"大课堂"，形成了教育合力，增强了育人的效果。

南明小学全体教职员工认为，习近平新时代中国特色社会主义思想作为当代中国马克思主义、21世纪马克思主义，不但内容博大精深，而且还有着很强的思想性、指导性和实践性，所以无论是对学校的老师，还是对学校的学生，都是一次次难得的受教育和接受思想洗礼的机会。《读本》教学得到了高度重视，"三进"工作正在我校有序推进。受益于该项工作，学校的办学正向着高位发展目标迈进。